EMOTION
BY
DESIGN

灵感

从实习生到耐克首席营销官

GREG
HOFFMAN

[美]
格雷格·霍夫曼
著

王岑卉
译

湖南文艺出版社
HUNAN LITERATURE AND ART PUBLISHING HOUSE

博集天卷
CS-BOOKY

Copyright © 2022 by Gregory Hoffman

All rights reserved including the rights of reproduction in whole or in part in any form.

© 中南博集天卷文化传媒有限公司。本书版权受法律保护。未经权利人许可，任何人不得以任何方式使用本书包括正文、插图、封面、版式等任何部分内容，违者将受到法律制裁。

著作权合同登记号：18-2023-250

图书在版编目（CIP）数据

灵感 /（美）格雷格·霍夫曼著；王岑卉译. -- 长沙：湖南文艺出版社，2023.12
ISBN 978-7-5726-1476-7

Ⅰ. ①灵… Ⅱ. ①格… ②王… Ⅲ. ①体育用品—制造工业—工业企业管理—经验—美国 Ⅳ. ① F471.268

中国国家版本馆 CIP 数据核字（2023）第 221417 号

上架建议：畅销·管理

LINGGAN
灵感

著　　　者：	[美] 格雷格·霍夫曼
译　　　者：	王岑卉
出 版 人：	陈新文
责任编辑：	匡杨乐
监　　制：	董晓磊
策划编辑：	张婉希
特约编辑：	张晓虹
营销编辑：	木七七七
版权编辑：	王立萌
版式设计：	李　洁
封面设计：	尚燕萍
内文排版：	百朗文化
出　　版：	湖南文艺出版社
	（长沙市雨花区东二环一段 508 号　邮编：410014）
网　　址：	www.hnwy.net
印　　刷：	三河市天润建兴印务有限公司
经　　销：	新华书店
开　　本：	680 mm × 955 mm　1/16
字　　数：	226 千字
印　　张：	17.5
版　　次：	2023 年 12 月第 1 版
印　　次：	2023 年 12 月第 1 次印刷
书　　号：	ISBN 978-7-5726-1476-7
定　　价：	62.00 元

若有质量问题，请致电质量监督电话：010-59096394
团购电话：010-59320018

谨以此书献给我的妻子和儿女，

柯尔斯滕、罗恩和艾拉：

感谢你们始终伴我畅想。

引 言
体育的艺术

我盯着投影屏幕，屏幕两侧共有一百多面各国国旗。这种国际化的氛围恰到好处，因为这里是耐克公司的塞巴斯蒂安·科（Sebastian Coe）[1]大楼，这栋楼得名于在1980年和1984年奥运会上两度夺得一千五百米长跑金牌的英国选手。此刻，我想起了科男爵的一句名言："比拼令人激动兴奋，获胜令人心潮澎湃，但真正的奖励永远是你一路上获得的自我认知与自我了解。"从设计实习生到耐克品牌首席营销官，我足足走过了二十七年的旅程。在这段旅程即将画上句号的时候，我深深体会到了这句话的内涵。此时是2020年2月，在我的退休典礼上。

屏幕上浮现出了"GH"两个字母，那是我的姓名首字母缩写。我很惊讶，也很荣幸，因为它的设计让人联想到我们多年来为篮球巨星勒布朗（LeBron）[2]、高尔夫名将"老虎"伍兹（Tiger）、网球明星塞雷娜·威廉姆斯（Serena Williams）等人设计的运动员专属标志。我从1992年进入耐克工作，为产品、运动员和耐克安排给我的其他东西设计标志。如今，我也拥有了个人专属标志，仿佛一切绕过了圆满的一圈。这令我百感交集。

那个夜晚满满都是回忆。我给每位同事提了些小建议。我们携手共事近三十年，俨然已是一家人。尤其令人感动的一幕是，新任耐克品牌创意总监，也就是我的老朋友兼得意门生吉诺·菲萨诺蒂（Gino Fisanotti），为我送上了

---

1. 塞巴斯蒂安·科：英国前田径运动员，曾夺得四枚奥运会奖牌，十二次刷新世界纪录，在英国拥有男爵头衔。——译者注（本书注释如无特别说明，均为译者注）
2. 勒布朗·詹姆斯（LeBron James）：美国职业篮球运动员，司职小前锋。

灵感

一份礼物——橄榄球运动员科林·卡佩尼克（Colin Kaepernick）[1]的大幅裱框肖像照，由著名摄影师普拉顿（Platon）拍摄。

你也许并不熟悉普拉顿这个名字，但很可能见过他的摄影作品。他为各界名人、政治领袖、运动员和艺术家拍摄过众多极有标志性的黑白肖像照，以善于捕捉头衔名望背后的人性本真而享誉世界。例如，从"拳王"穆罕默德·阿里（Muhammad Ali）的肖像照中，你能瞥见那位传奇拳击手极富人情味的一面。从这个角度来说，普拉顿不像人们通常想象的专业摄影师，他拍摄的肖像照并非追求艺术感的理想化作品。相反，它们看起来像是捕捉到了拍摄对象的某个瞬间。在那短短一瞬间，假面滑落，本真显露，尤其是眼神。他拍摄的照片对比度高，在白色背景的衬托下，以最质朴的方式展现人物个性。

这种极具创意的天才之作并非偶然出现，而是靠设计得来。就像所有伟大的艺术品一样，普拉顿拍摄的肖像照旨在激发人们的情感。这种情感并不是偶然出现的，整个过程需要经过深思熟虑与精心安排，跟作家编写故事没有多大区别。我没法告诉你普拉顿是怎么做到的，是如何通过拍摄的照片讲述故事，激起观众的情绪反应，揭露关于人类体验的真相的。但我能告诉你，作为品牌营销人员，我们是如何努力做到这一点的。

对普拉顿这个级别的艺术品的热情，唯有我对体育运动的热爱方能比拟。乍看起来，这两种兴趣爱好似乎截然不同，但如果你透过表象看本质，就会发现体育能激起人们最为纯粹、发自内心的情感。在球场与看台上演的喜怒哀乐，能够让所有人感同身受。正如南非前总统纳尔逊·曼德拉（Nelson Mandela）所说："体育运动拥有改变世界的力量。它能激励人心，团结众人，这份力量无与伦比。"

看着普拉顿拍摄的卡佩尼克肖像照，我再次体会到了艺术的力量，那种既新潮又永恒的感觉。这幅肖像照来自一场营销战役，那是我在耐克开展的最后一次营销战役。但它不光是一张简单的照片，还是经过精心设计的艺术

1.科林·卡佩尼克：美国职业橄榄球大联盟的著名四分卫。

引　言　体育的艺术

品，尽显卡佩尼克的个性与激情。同时，这幅肖像照也宣告了耐克的宗旨：体育能够改变世界。如今，我将这幅肖像照骄傲地挂在家中的办公室里，因为它不但代表了伟大的艺术，还代表了出色的品牌营销。事实上，它提醒我，艺术与营销能实现同样的目的，通常也该努力达成同样的目的。

最后，看着这幅肖像照，我回想起了它的诞生之旅。那段旅程始于大约五个月前。

******

2019年8月，我前往普拉顿位于纽约的工作室拜访。我们两人的友谊可以追溯到2013年，当时我是耐克全球品牌创意主管，邀请他到公司的"品牌营"做演讲。普拉顿除了是摄影大师，还是讲故事的大师，拥有一种令人叫绝的天赋，能通过奇异的图像编织出令人着迷的故事。我有幸向在场观众介绍了普拉顿，并在台上采访了他，谈到了他的创作过程和他最著名的一些肖像作品。从此，我们结下了友谊。我俩接下来的一次合作，是我邀请他为耐克拍摄巴西国家足球队。在巴西国家足球队赢得联合会杯后[1]，2014年耐克赞助了那支球队，并为其设计了队服。普拉顿拿出了标志性的作品，大部分都是球员的黑白肖像照，衬以白色背景，但增加了一抹鲜黄以突出他们身上的球衣。每一位球员都独立出镜，但那抹鲜黄将他们联系在一起，暗示他们是一个团队。或许这组肖像照的真正天才之处在于，普拉顿超越了我的简报和项目大纲的要求，不但拍摄了球员，还拍摄了热情洋溢的巴西球迷。最终成品将球员与球迷这两个群体并列呈现，远远超越了单纯的体育运动，因为他拍摄的照片展现了体育与文化是如何紧密联系的。支持球员而无视球迷，就是忽略了为什么体育运动能引起全世界无数人的共鸣。

但在8月那一天走进普拉顿的工作室时，我并没有带着任何计划。我们像朋友一样聊着天，普拉顿突然提到，他要将自己拍摄的美国黑人领袖肖像

1.2013年7月1日，巴西队在联合会杯决赛中击败西班牙队获得冠军。

灵感

照捐给史密森尼国立非洲裔美国人国家历史和文化博物馆。那份名单上的每个人都举足轻重，都是民权的拥护者：从"拳王"阿里到著名歌手哈里·贝拉方特（Harry Belafonte），再到监狱人权活动家伊莱恩·布朗（Elaine Brown）。我的脑海中灵光一闪。

"缺了一个人。"我说。

"缺了谁？"他问。

"科林·卡佩尼克。"

普拉顿回答，他可联系不上像科林那样的著名运动员。这件事我倒是能帮上忙。离开普拉顿的工作室后，我打电话给吉诺，当时他正在为与科林联名的限量版"空军一号"（Air Force 1）球鞋做营销策划。吉诺想了想，说让普拉顿为卡佩尼克拍摄一组肖像照，可能对新款球鞋的发布有所助益，还能挖掘故事背后的深刻内涵。于是，卡佩尼克的"忠于七号"（True to 7）营销战役渐渐成形。我飞回耐克园区跟吉诺见面，讨论具体细节。整个创意很简单：通过一组普拉顿标志性的黑白肖像照，将营销战役（突出的不仅是一款球鞋，还有一款球衣）与科林的"七大价值"联系起来。整场营销战役于 2019 年 12 月启动。为了协助宣传，科林发了一条推特："献给那些在场上场下忠于自己的人。骄傲自豪，不加掩饰，不畏艰险。这只是开始。"

******

如今，其中一幅普拉顿拍摄的肖像照就挂在我家里，那是吉诺送给我的礼物。吉诺对我们与科林那次合作的支持和奉献，使我在耐克做的最后一个项目格外令人难忘。

在我拜访普拉顿之前两年，耐克就开始与科林合作。那是在俄勒冈州比弗顿市耐克总部的一次午餐会上。虽说那是另一章的主题，但它表明，普拉顿拍摄的肖像照意义远远超出"忠于七号"营销战役。它是实实在在的物证，代表了始于多年前的创意之旅。当时，我们听取了科林的意见，弄清了他到底想传达什么讯息。在我前往纽约工作室跟普拉顿见面之前，普拉顿并

4

没有参与我们的设计过程。不过，创作过程并非直线前进，灵感往往突然降临——前提是你要敞开心扉，乐于接纳。我们与科林·卡佩尼克的合作基于一大洞见：他想要传达的讯息，也就是揭露种族不平等的真相，与体育运动和美国黑人的经历密不可分。但除了这则讯息带来的社会影响，各大品牌也能从"忠于七号"营销战役中学到一课。对科林（和耐克）来说，个人生活与职业生涯并无区别。科林在场上场下是同一个人，耐克的责任则是向全世界展示这个人和他的激情所在。如果我们只关注科林想传达的讯息，就会遗漏它与体育运动的联系。同样，如果我们只关注体育运动，就会削弱科林想传达的讯息。个人生活与职业生涯必须融为一体。

本书的许多写作灵感都源于我与科林的合作，以及我在耐克最后几年的创意之旅。在那几年里，我将过去二十五年汲取的经验、教训和洞见融汇到一处。如今，我以初创企业与成熟企业品牌顾问的身份，真诚与大家分享的创意理念，正是与卡佩尼克、吉诺、普拉顿和耐克品牌团队创意合作的浓缩。这些创意理念也构成了本书的基础。简而言之，通过与消费者构建强大的情感纽带，品牌能够获得竞争优势。我深信，通过培育强大的创意文化，这种纽带可以不断延伸。

我称之为**"设计激发情感"**（Emotion by Design[1]）。也就是说，通过创造故事、图像与体验，让人感觉到，哪怕是自己最大胆的梦想也有可能实现。多年来，我在以创意为主导的文化中形成了这种理念。如今，我热衷于向其他人灌输这种创意营销与品牌理念，因为"设计激发情感"的关键在于：各类商业领袖和团队都能将其付诸实践。这种关于创意的做法能成功，并不依赖庞大的资源，只有几名员工的小机构也能跟拥有数千名员工的大公司一样，在品牌建设上取得惊人的成功。想要让消费者有所感触，并不需要花费数百万美元。在品牌与消费者之间建立情感纽带，并不取决于品牌的规模或拥有的资源，而取决于故事的力量和情感联系的深度。

我还想驳斥一种观点：并非每个人都有创意。尽管创意的应用（如艺术

---

1. 原书名。——编者注

指导、文案写作、应用程序设计、电影导演等）需要仰仗相关领域的专业人士，但创意的构思并不（也不该）局限于"创意人士"。每个人都拥有想象力，每个人都有志向和梦想，诀窍就在于营造一种文化和环境，为想象力提供发声的空间。太多品牌和公司受到先入为主的观念与个人偏见的束缚，扼杀了团队与生俱来的天赋和创意能量。有时候，这些公司会试图将创造性思维纳入高度结构化的工作流程和思维模式。最终，他们的品牌可能变得毫不振奋人心，甚至断绝与消费者的联系。

这就是为什么品牌必须持开放心态，邀请外部声音进入自己的创意流程，并鼓励大家从独特的个人经验中汲取灵感。多元与包容本身就该成为目标。但让我惊讶的是，即使到了今天，还有那么多公司不明白，为什么要打造能改变世界的创意力量，先决条件是拥有多元化的经验、思维、背景、想法与价值观。创造力源于发现被他人忽略的洞见。我们之所以能发现那些洞见，是依靠多元化团队中的个人经历，以及我们自己探索未知的激情。

本书是献给创意的礼赞，也是呼吁品牌建设者重新发现有人情味的元素，正是那些元素构建起了品牌与消费者的情感纽带。在接下来的章节中，读者将踏上创意之旅，汲取我从耐克和其他地方获得的经验，借鉴能够应用到市场营销中的方方面面的教训。从为篮球巨星勒布朗量身打造的故事，到从篮球明星科比无限的好奇心和想象力中汲取灵感；从为"空军一号"球鞋举办音乐会，到与喜剧演员凯文·哈特（Kevin Hart）合作，引燃一场关于运动的运动，再到通过"放胆做"（Just Do It）口号激励新一代运动员，读者将体会到市场营销的艺术，以及它所创造的"设计激发情感"。

如今，要想打造世界顶尖品牌，就需要在艺术与科学之间达成微妙的平衡。大数据为我们提供了海量消费者信息，多到我们难以想象。如今，我们能让传达的内容和故事更高效、更及时、更有针对性、成效更显著。然而，尽管从某种意义上说，数据分析为我们提供了很多东西，但它也从我们身上夺走了很多东西。我们的创意减少了，创新能力衰退了，也不再愿意冒险了。问题不在于该优先考虑哪一项，而是要在多个因素之间取得平衡。当艺术与科学处于和谐状态时，我们就能取得高效惊人的成果。代码行呈现的信息和数据很管用，使我们能减少消费者体验中的摩擦与不便。然而，天平的两端并不平衡。在许多情况下，品牌都优先考虑与消费者的交易关系，而事实上，它们应该先建立人际关系。

在这本书中，我将展示自己在市场营销领域近三十年积累的经验，深入探究如何从体育界最伟大的合作者（运动员、教练和运动队）那里汲取灵感，打造众多创意流程和创意原则。我希望读者能意识到，这些创意流程和原则具有普遍适用性，无论大小品牌均可采用。最重要的一点是，本书力争为商业、营销和创意专业人士提供实用计划，无论你是单打独斗的一人团队，还是拥有上千人的庞大团体。只要适当采纳本书展现的洞见，无论是身为领导者的你，还是你的团队与品牌，创意水平都将一飞冲天，并与消费者建立持久的联系。

本书架构

在进入正题之前，我想解释一下本书的架构，帮助读者理解它试图达成的目标。本书的呈现方式是为你提供一部指导手册，帮助你释放团队的创造力。我说到"创造力"的时候，指的是能带来翻天覆地的改变的力量，这股力量能激发人们的情感，并让人们彼此相连。本书各章结构一致，都是先介绍基本要素，然后展示如何应用这些要素。

本书在很大程度上借鉴了我在体育界的创新工作，帮助读者近距离了解创意团队合作是什么样的，又是如何催生出了当代最令人难忘、最具标志性的营销战役。我相当幸运，进入耐克时正值品牌的激进创意合作时期。在我的整个职业生涯中，耐克的激进创意文化始终存在，哪怕是当公司经历了惊人的增长，从成立之初的松散架构走向成熟之后。在我工作过的各个团队中，都存在鼓励想象与构思的风气，也存在讲究智谋的文化。这就意味着，即使你没有必要的经验，也常常被赋予管理项目的责任。我们每个人都能感觉到，自己在打造某种特别的东西。我指的不仅仅是公司，而且是我们感觉自己的作品与消费者紧密联系，能够创造出令人感同身受的时刻，我们推出的广告片、营销战役和产品对人们有意义。耐克逐渐成为运动鞋和运动服饰的权威品牌，这让我们感到重任在肩。如果我们做的事对其他人有意义，那就有责任做好。当品牌有了这样的消费者参与度时，那你就不再只是卖东西，而是成为文化的一部分。当然，这也意味着你必须保护自己建立的品牌，确保持续达到消费者期望的水准，而这并不容易做到。因此，我希望本书能为读者提供一套工具，让你在自己的组织里营造一种文化，这种文化能够不断催生优秀的品牌、叙事和体验，打造并维系与受众的强大情感纽带。

除了显然与众不同的第一章，接下来的每一章都采取类似的结构，展示了打造强大品牌的一大独特要素。每章结尾都附有"基本原则清单"，浓缩了该章节的创意与主题。为了让读者更好地了解我刚加入耐克时的状况，本书第一章更类似于个人传记，其他章节则按照主题呈现。我为各章精心挑选了不同的故事，用于说明某个教训或创意，其中每个故事都是我在撰写那一章时的最佳选择。不过，创作过程并非总是井然有序，我为某一章选择的故事也许更适合另一章。因此，读者会注意到某些要素（如共情、洞察力、创意合作等）在若干故事中反复出现。这是因为，所有这些要素都被纳入了创意之旅。本书第二章简要展示了其中若干要素。换句话说，如果你所在的组织不具备上述特质，就会很难找到灵感，进而实现有意义的创新。

最后，我想强调一下本书的主题。作为品牌营销人员，我们有机会利用自己的洞见、工具和想象力讲述周遭世界发生的事。我们必须忠于品牌宗旨，但也应该抓住宝贵时机，创造出影响深远、改变世界的重要瞬间。只有当我们讲述的故事能够引起每个人发自内心的共鸣时，才可能与消费者建立起牢固的情感纽带。请朝着这个目标前进吧！愤世嫉俗是我们的死敌，我们必须不断与之抗争。简而言之，请努力成为宏伟事业的一部分，为实现崇高目标而努力，为后人留下伟大的遗产。

目 录

第一章　进入竞技场之旅 / 001

第二章　创意乃团队运动 / 023

创意的化学作用 / 027

全新角色，全新工作方式 / 031

创意"梦之队" / 032

传球六十二次 / 035

好奇乃催化剂 / 038

硬纸板椅子 / 040

利用手头资源 / 042

日本匠人精神 / 043

广告狂人 / 044

实地体验 / 045

共享美食 / 046

引入外界灵感 / 047

视觉日记 / 048

布置作业 / 049

分享财富 / 050

科比的好奇心 / 050

亲身尝试 / 052

视野优势 / 055

第三章 不求稳妥，积极进取 / 057

敢于冒险的文化 / 059

保持机动灵活 / 061

设计零售革命 / 065

利用手头资源 / 069

激情的力量 / 073

终极对决 / 077

不求稳妥，积极进取 / 082

第四章 **保持专注，追求卓越** / 087

画与画框 / 091

框架：品牌的视觉语言 / 093

"对勾"回归 / 095

阿加西效应 / 098

相信直觉 / 100

框中之画 / 103

比喻之术 / 106

曼巴心态 / 108

设计梦想 / 110

设计奥巴马 / 111

保持专注，追求卓越 / 113

第五章 敢于被人铭记 / 117

品牌个性的镶嵌画 / 121

新岗位与新攻势 / 123

先倾听，后引领 / 124

我该怎么做？ / 127

拓展边界 / 129

大师课前的大师课 / 132

活出你的伟大 / 133

伦敦无处不在 / 134

慢跑者 / 135

品牌邀请函 / 137

时机至关重要 / 138

敢于被人铭记 / 141

第六章 切勿追逐炫酷 / 145

打造标志性产品 / 147
尊重遗产 / 150
产品才是主角 / 152
二度降临 / 155
艺术与文化的交集 / 156
民主化设计 / 161
球鞋之书教父 / 165
Air Max 节 / 168
切勿追逐炫酷 / 173

第七章 引燃运动 / 177

催化剂 / 179

会议前的会面 / 181

持续奔跑的男人 / 183

关于运动的运动 / 187

"赛跑全人类":为全人类而跑 / 189

运动的开端 / 190

激进创意合作 / 194

把握分秒 / 197

如何发起运动 / 200

招募,集结,嘶吼 / 202

嘶吼 / 205

赋予意义 / 208

第八章 拉近距离 / 211

站出来,说出来 / 214

推动世界进步 / 217

理由 / 218

团结,不信极限 / 220

变革将至 / 222

共情行动 / 226
圆满时刻 / 228
疯狂梦想 / 232
拉近距离 / 237

第九章 **留下遗产，而非回忆** / 241

激情之源 / 244
继续创意之旅 / 248
回到起点 / 251

鸣谢 / 255

第一章　进入竞技场之旅

比拼令人激动兴奋，获胜令人心潮澎湃，但真正的奖励永远是你一路上获得的自我认知与自我了解。

灵感

朋友见我舌头打结，便递过来一杯水。我确实口干舌燥，但跟内心的紧张比起来，这根本算不了什么。今天展现在众人面前的，不是我喜爱体育、竞赛和嘻哈说唱的外向一面，而是我身为艺术家的内向一面。问题不在于艺术，不在于我的艺术创作，而在于向面前的观众讲述我艺术创作的故事——更确切地说，是我的设计背后的故事。面前的十几双眼睛分别属于我的教授、同窗和其他设计师，他们的作品和技艺令我钦佩不已，也引导并启迪了我的创作。他们将目光投向我，等待着被打动、被震撼，进而决定我是否属于他们中的一员。尤其是其中一双眼睛，我感觉那道目光穿透了我，在估量我是否有能力进入设计精英界。此刻悬而未决的是我的梦想，我四年前进入明尼阿波利斯艺术与设计学院时的梦想。

我正在进行毕业论文答辩，主题是通过设计媒介探索视觉艺术与文艺，也就是通过生动形象的描述，展示那两个世界的差异与相似之处。这是相当阳春白雪的玩意儿，可以说是一趟旨在获得创意社群接纳的设计之旅。但如果观众要踏上这段旅程，首先就必须认为旅程有价值且高标准，不是循规守旧，而是超越过往。而我最渴望能与我一同踏上这段旅程的那双眼睛，属于明尼阿波利斯沃克艺术中心的负责人劳里·海科克·马凯拉（Laurie Haycock Makela）。沃克艺术中心是极负盛名的当代艺术博物馆，参观者常年络绎不绝。

一个多月前，我向沃克艺术中心递交了申请，申请进入无数人梦寐以求的设计部实习。虽说我在毕业答辩那天焦虑指数爆表，但对自己的才华还是有信心的。我清楚，自己是同届设计师中的佼佼者。因此，当劳里打电话给我，说我进入了实习岗位的最终候选名单时，我丝毫不觉得惊讶。她还提议我邀请她参加毕业答辩。当然了，当沃克艺术中心的负责人"提议"你做某件事时，那绝不仅仅是个建议。这场答辩不光是为了展示我在求学期间磨炼的才能，还是一场面试。

进入沃克艺术中心，哪怕是做个实习生，也是我从小到大梦想与努力的结晶。我生父是黑人，生母是白人，后来我被一对白人夫妇收养，在明尼阿波利斯市的郊区米内顿卡长大，当地居民几乎全是白人。这片土地的自然美景滋养了我，但身为黑白混血儿，我总觉得自己像个局外人。于是，我转而探索内心，发掘想象力。到了五岁那年，我已经很习惯听到父母和老师的赞许："你真是个了不起的艺术家！"父母给我报了暑期绘画班，也就是请中学美术教师来家里共进晚餐，还购置了全新的绘图与制图桌，甚至在我和两个弟弟共用的小卧室里辟出了一面绘画墙，那面墙成了我展示想象力的舞台。

进入小学后，我开始遭遇不加掩饰的种族歧视。我无力应对，因为没人可以效仿，也没有类似经历的人做榜样。于是，我只好靠艺术创作自我纾解，借助绘画将白日梦付诸笔端，以此逃离现实。上高中时，我沉浸在艺术与设计的多彩世界里。在20世纪80年代初，对一个黑人孩子来说，这种兴趣爱好可谓极不寻常。但爱好给我了慰藉，使我能够重构一切可能，进而理解周遭世界。此外，我还从艺术与设计的交汇中找到了身份认同（虽说暂时还没能完全认清），并渴望了解更多。

对一个来自明尼苏达州的孩子来说，这可谓远大理想，虽说我进入了明尼阿波利斯艺术与设计学院，一家非常适合我发挥天赋的教育机构。在迎新会上，我们的课程顾问说出了肺腑之言。"看看周围吧，"他指的是像我一样的新生，"你们当中只有十分之一会做设计这一行。"当然，他说的千真万确，但我将这句话视为挑战。设计精英的世界在召唤我，如果我无法加入他们的行列，那活着还有什么意思？十里挑一的竞争相当激烈，我决心比其他人都更努力，拿出比他们都优秀的作品。从明尼阿波利斯艺术与设计学院毕业前，我可以自豪地说，这两个目标我都实现了。如今，我将目光投向了未来，尤其是沃克艺术中心。它提供为期一年的实习机会，那是无数年轻设计师的梦想。沃克艺术中心体现了我崇拜的一切：突破极限的前沿设计，不断挑战"不可能"。沃克艺术中心的设计师负责最新艺术展的视觉传达（visually communicating），跟艺术家一样拥有自我表达的自由。在如今的数字化世界中，那样的设计已不复存在。但在当时，就像展出作品的艺术家一样，沃克艺术中心的设计师也能创造潮流。通过海报、画册、布置来展示艺术品，同样需要革命性的设计水准。进入那个世界，就意味着一只脚踏进了设计精英的竞技场。

现在，我与梦想之间只隔着一篇毕业论文，其中提及了心理学家卡尔·荣格（Carl Jung）与设计大师劳里·海科克·马凯拉的思想。我接过忧心忡忡的朋友递来的那杯水，大口喝下，继续侃侃而谈……

******

"我觉得你该申请。"朋友对我说。那是我大四那年春天，准备提交毕业论文前一个月左右。他指的是耐克公司的一个少数族裔实习项目。他说："我打算申请，你也该申请。"

"不,伙计,那个你更擅长。"我回答说。这不仅仅是恭维。我朋友是如今人们常说的"鞋迷"(sneaker head),这种人做梦都想着球鞋,只要闲下来就在笔记本上做设计。当我专注于将深奥的心理学引入设计时,他却喜欢想象设计炫酷的新鞋。我们同样就读于明尼阿波利斯艺术与设计学院,但明显走在不同的人生轨道上。耐克显然更适合他,正如沃克艺术中心更适合我,况且我已经提交了实习申请。

不过,他提议我申请耐克实习并非空穴来风。我从小就热爱体育与竞赛。小时候,我不仅通过艺术寻找身份认同,还从20世纪七八十年代黑人运动员的个性表达与竞技表现中得到了启迪。我每天都沉浸在体育运动中,痴迷于收集橄榄球卡和棒球卡。我给别人送报纸,好赚钱收集球卡。但更重要的是,这份兼职方便我翻阅报纸的体育版,好记住美国职业棒球大联盟的平均击球数和全垒打领军者,当时主要是黑人球手。

那些运动员创造的文化(实际上反映了我并不熟悉的城市黑人文化)已经开始渗入大众市场。传奇篮球巨星比尔·拉塞尔(Bill Russell)和匡威全明星帆布鞋的时代已缓缓落幕,让位给了篮球"飞人"迈克尔·乔丹和耐克。我特别提到耐克,是因为我"消费"这些新兴超级巨星的方式主要是通过营销媒介。在球场或田径场之外,运动员正迅速成为令人向往的炫酷偶像——海报和广告已成为人们兴奋与模仿的源泉,可与观看运动员在赛场上驰骋媲美。我被那些充满艺术感的展示深深吸引,但当时并没有意识到,我被它们激发出的情感是精心设计的结果,那种设计与我进入大学后学到的东西截然不同。

现在,让我们把时钟拨回到1992年。无论你望向哪里,都能看见鲜明叛逆的耐克精神。你打开电视,电视上正在播放耐克的摇滚版网球广告，网球明星安德烈·阿加西（Andre Agassi）穿着一身霓虹绿，配着美国摇滚乐队红辣椒乐队（Red Hot Chili Peppers）的曲子击球。你换个频道，又会听见英国摇滚乐队"披头士"成员约翰·列侬的名曲《因果报应》("Instant Karma")，其中的歌词"我们都将继续闪耀"是耐克最新广告片《放胆做》（*Just Do It*）的背景音乐。

1992年春天，耐克的营销战役打得如火如荼。那年是公司成立二十周年，耐克拥有"飞人"乔丹、篮球巨星查尔斯·巴克利（Charles Barkley）[1]、橄榄球全明星运动员杰里·莱斯（Jerry Rice）和职业棒球明星肯·小葛瑞菲（Ken Griffey Jr.）这样的品牌代言人，著名的"对勾"（swoosh）标志可谓无处不在。随着年收入突破三十亿美元，耐克已不再是来自俄勒冈州的小小暴发户，但它的反叛态度和革命精神仍然一如既往，并迅速传遍全世界。拥有一双耐克运动鞋不但炫酷，还展示了你对体育和生活的态度：你想要取胜，同时也注意造型。

耐克一次又一次处于体育与文化的交汇点。它不光是被动做出反应，还在创造并引领文化潮流。当乔丹在芝加哥公牛队争夺第二个NBA冠军时，耐克发布了令人垂涎的Air Jordan VII（乔丹七代）运动鞋和"超级碗"[2]爆款广告《乔丹万岁》（*Hare Jordan*）。在这支广告中，迈克尔与兔八哥联手击败了篮球场上的恶霸。除此之外，耐克还在乔丹的主场芝加哥开设了第二家耐克城（Niketown）零售店。耐克已经彻底改变了运动鞋，如今"耐克城"的概念又重新定义了购物体验。

1.查尔斯·巴克利：美国前职业篮球运动员，1992年巴塞罗那奥运会、1996年亚特兰大奥运会"梦之队"成员，司职大前锋，绰号"空中飞猪"。
2.超级碗（Super Bowl）：美国职业橄榄球大联盟的年度冠军赛，胜者被称为"世界冠军"。该比赛在美国拥有很高的收视率。

第一章　进入竞技场之旅

　　创新使耐克占据了篮球、跑步、网球和交叉训练[1]领域的主导地位。全新的 Air Huarache 系列鞋款推出后一炮而红。翻开当时任何一本杂志，你都会看见它的广告。广告上巨大的粗体字写着："今天你拥抱你的脚了吗？"这是一个承诺，暗示这项创新科技上脚后会有多么舒适。再翻几页，你会看到另一则广告，展示耐克全新的户外运动系列 All Conditions Gear（全天候装备）。该系列的主打产品是 Air Deschutz 运动凉鞋，广告口号是"气垫遇见空调"。耐克的口号总是与产品本身一样极具创新意味。

　　就像当时每个热爱体育的孩子一样，我完全沉浸在耐克创造的这种新文化中，却没能清楚意识到为什么会这样。奇怪的是，我从来没有真正将耐克的市场营销（它精通平面设计与激发情感）看成是设计。设计是我做的事，是我从学校里学到的东西，也是我要去沃克艺术中心做的事。换句话说，设计不仅仅是卖鞋的广告。然而，就在那个春天，我的世界发生了翻天覆地的变化。在 20 世纪八九十年代，《平面》(Print)杂志是美国头号平面设计刊物，我追切期待每一期新杂志上市。1992 年的《平面》春季刊登了一篇关于耐克形象设计团队的报道，有一张照片展示了位于俄勒冈州比弗顿市的耐克新总部。那里有一座人工湖，所有团队成员都站在齐腰深的湖水中。照片中间的那个人，被其他二十名设计师夹在中间的那位，正是形象设计团队的主管罗恩·杜马斯（Ron Dumas），他也是"乔丹之翼"（Wings）海报的创造者。那幅海报中央站着真人大小的乔丹，他身穿芝加哥公牛队球衣，双臂朝两侧平伸，一手

1.交叉训练（cross-training）：指在目前进行的运动训练中加入其他不同类型、针对不同肌肉群的训练，通过不同的运动项目达到身体均衡的锻炼目的。

控球。海报上写着英国浪漫主义诗人威廉·布莱克（William Blake）的一句诗："飞鸟展双翼，翱翔无止境。"

我很熟悉那幅海报，因为它就贴在我大学宿舍墙上。读完那篇文章后，我突然意识到了一点，时至今日我几乎不好意思承认的一点：那些图像和广告背后的设计师过去（乃至如今）对我影响至深。对当时自诩设计师的我来说，这听起来似乎有些荒唐。但我当时从来没有想过耐克营销战役背后的人。现在，他们就在我眼前，站在齐腰深的水里，直视我的双眼。我想，那一刻我的感觉有点儿像天文学家发现新星：它一直都在那里，只不过你现在才看见罢了。

现在，我的朋友告诉我，有个实习机会能进入那个神秘的世界，那个我直到现在才知道其存在的世界。我回到家，坐在没几件家具的大学宿舍里，盯着墙上的"乔丹之翼"海报。乔丹直视我的双眼，布莱克的诗句召唤着我。乔丹灼灼的目光，加上激励人追求卓越的诗句，说服了我提交实习申请。

******

4月初，我得知自己的毕业答辩备受好评，尤其是给劳里留下了深刻印象。不久，我就得到了沃克艺术中心的实习机会，实习将从9月1日开始。耐克的实习时间是在暑假，这意味着两份实习我都可以做——前提是它们都接受我的申请。不过，尽管耐克的实习机会让我兴奋不已，沃克艺术中心仍是我的梦想，它代表了我在大学期间学习的巅峰，而耐克对我来说只是个有趣的消夏方式。

随后，我接到了耐克的电话，它向我提供了实习机会。巧的是，耐

第一章　进入竞技场之旅

克打电话给我的时候，我的同学（就是同样提交了那份实习申请的"鞋迷"）也在宿舍。他为我感到高兴，不过我能感觉到他的失落。电话是克里斯·阿文尼（Chris Aveni）打来的，他当时是耐克形象设计团队的负责人之一。那通电话很简短，几乎有些草率：实习将从6月第一周开始，包括一天半的入职宣讲。如果我无法如期入职，也就是在毕业后一周内入职，实习机会就会让给别人。毫无疑问，我当即接受了。

我看着身边的朋友，努力压下愧疚感，说自己能赶得上。事实上，我根本不知道怎么才能赶得上。我毕业后穷得叮当响，没办法前往俄勒冈州。值得庆幸的是，我父母决定把他们的福特客货两用面包车借给我。那辆车自带折叠床、扑克桌和百叶窗，车身还被漆成了渐变色。我不打算抱怨那些花哨的设计和保险杠贴纸，哪怕它们有悖我身为设计师的审美。对靠教书所得薪水糊口的七口之家来说，把面包车借给我开一个夏天，是我父母做出的巨大牺牲。

我驾车从明尼阿波利斯出发，历时二十七小时，穿过南达科他州的荒地，穿越落基山脉，驶入84号公路，穿过令人惊叹的哥伦比亚河谷。最终，我抵达了比弗顿市，径直开进了耐克的停车场。我对俄勒冈州的了解仅限于那个地址。问题在于，当天是周四，实习要到下周一才开始，而我在附近一个人也不认识。于是，接下来的几个晚上我都睡在停车场的面包车里，同时寻找不用预收第一个月租金的公寓，因为我身上只有三百美元，信用卡还刷爆了。

那几天我好好了解了崭新的工作场所。耐克的新园区已经开工建设了一年多，全新的办公大楼一栋接一栋落成开放，每栋都得名于对耐克品牌影响至深的运动员，从篮球"飞人"迈克尔·乔丹、网球巨星约翰·麦肯罗（John McEnroe）[1]到史上第一位女子马拉松冠军琼·贝努瓦·萨缪尔森（Joan Benoit Samuelson）。整座园区就像将博物馆、公园与办公室融为一体。对像我这种痴迷体育的孩子来说，它就像圣地麦加。我永远不可能成为职业运动员，但在这里工作也近乎理想了。更重要的是，耐克意识到，打造鼓舞人心的工作环境能增强合作、提高效率、促进创新。尽管如今有很多公司都这么做，但耐克的独到见解是，在创意空间里工作对点燃创意火花大有助益。建筑和环境似乎反映了耐克的信条。在这里，创意者能在致力于激发其天赋的空间中茁壮成长，受周遭环境的启迪感到灵感勃发，并将那种情感纳入作品，为企业文化设定新标准。正如任何一双耐克运动鞋都不仅仅是鞋，耐克总部也不仅仅是容纳员工的建筑群。那些建筑本身就是故事的一部分，能给人带来如临其境的体验感。对当时才二十二岁的我来说，那完全超出了我的想象，让我目不暇接，心跳加速。

　　耐克园区跃动的心脏是纳入尖端科技的博·杰克逊（Bo Jackson）[2]健身中心。在我进入耐克的三年前，随着令人难忘的《博知道》（*Bo Knows*）广告让全世界了解了交叉训练，我与耐克品牌的情感纽带也进一步加深。那支广告对我影响深远。我十三岁那年，父母给我买了一套装满沙子的举重器材。因此，当那支广告上映时，我已坚持每日进行有氧运动与举重结合的锻炼多年。在耐克实习的那年夏天，博·杰克逊健身中心成了我的另一个家。

1.约翰·麦肯罗：美国前职业网球运动员，曾在职业网球联合会世界排名榜单中位居第一。
2.博·杰克逊：美国前职业棒球和橄榄球运动员，也是首位在棒球和橄榄球领域都入选全明星赛的职业运动员。

第一章 进入竞技场之旅

周一，我与公司各部门的另外十七名有色人种实习生一起，参加了品牌宣讲会。我很快意识到，我是唯一一个从其他州来的人，其他实习生都是俄勒冈州本地人。入职动员会由杰夫·霍利斯特（Geoff Hollister）主持，他是耐克有史以来第三名员工，也是美国长跑健将史蒂夫·普利方坦（Steve Prefontaine）的密友及队友。作为著名奥运会长跑运动员，普利方坦是俄勒冈大学的传奇人物，也是耐克赞助的第一位运动员。杰夫将公司发展史和品牌价值观娓娓道来，还介绍了代表耐克团队文化的格言。我们明白了普利方坦的跑步法"前方引领"（lead from the front）的含义。杰夫将它引入品牌和商界后，"前方引领"就意味着：如果你想成为创新者，就需要藐视常规战术，从一开始就遥遥领先，将竞争对手甩在身后。这仅仅是个开始。后来，诞生于体育界的领导力原则被源源不断地用于品牌建设。当天我们离开会议室时，普利方坦的名言还回荡在耳边："不使出浑身解数，就是白白浪费天赋。"

从一开始，耐克就颠覆了我的期望。没错，我在9月加入沃克艺术中心时，入职动员会也许没那么振奋人心，但核心理念与杰夫提到的（也是普利方坦本人体现的）原则一脉相承：藐视传统，突破极限，超越可能。我还记得，我当时心想：这里有一种文化，一种追求卓越的文化。

那是一种怎样的文化啊！当时是20世纪90年代初，那里是俄勒冈州，后来迅速蔓延的众多反文化趋势的中心。在电台广播里，珍珠果酱（Pearl Jam）、涅槃（Nirvana）、声音花园（Soundgarden）等乐队推出了一种被称为"垃圾摇滚"（grunge）的全新音乐风格，那是对20世纪80年代华丽金属或长发金属风格的乐队的反叛（我就读的高中走廊里就一直回荡着那些动力民谣[1]）。那种全新的音乐浪潮以尖锐的讽刺定义了一代人，也相当准确地定义了形象设计办公室的风气和我遇到的同事们。办公室里的每个人都有意识地抗拒传统的职场束缚。在我熟悉的设计界，香蕉共和国（Banana Republic）[2]和拉夫劳伦（Ralph Lauren）[3]等品牌界定了"商务休闲"（我一直是拉夫劳伦的忠实拥趸），但设计部办公室里的主流穿着却是短裤配凉鞋，甚至是上身衬衫半敞，底下光着脚丫。上班第一天，我穿了一件拉夫劳伦牌衬衫，有个人对我说："我们得教教你怎么打扮。"没错，那是一种独特的文化——率性又逗趣。几乎整个设计部的人都是土生土长的：在俄勒冈州出生长大，极其热爱户外探险。我们部门组建了一支出色的内部垒球队，名为"快餐厨子"（Short Order Cooks）——之所以叫这个名字，是因为最后一刻才提出的要求总是落到设计团队头上。我们办公室里有几个人甚至加入了一支叫"书屋男孩"（Bookhouse Boys）的乐队。

哪怕不是从精神特质上看，仅仅是从做事风格上看，我也意识到自己远离了明尼阿波利斯艺术与设计学院和沃克艺术中心的世界。二十二岁的我是耐克形象设计团队中最年轻的成员，也是设计部唯一的实习生。我懵懵懂懂地走进了那间办公室，完全不知道自己会遇到什么。我的同事们特别重视工作与生活的平衡。他们是伟大的设计师，但这并非他们的全部。有些人热爱户外运动，大多数人喜爱音乐，他们把所有兴

---

1. 动力民谣（power ballads）：摇滚乐器编排的抒情歌曲，又称铁汉柔情歌曲。
2. 香蕉共和国：隶属GAP集团，偏向贵族风格的美国品牌，设计款式较为流行新颖，属于中高价位。
3. 拉夫劳伦：带有浓烈美国气息的时装品牌，主要消费阶层是中等以上收入的消费者。

趣爱好和激情都带进了办公室，就像有人会把家人的照片摆上办公桌。我很快了解到，大家会花很多时间互相搞恶作剧。例如，有几个人为办公室里的某个人设计了一个挂钟。那人每天下午5点就会准时离开。是真的，每天都准点下班。所以，那几个搞恶作剧的家伙找了个旧钟，把钟上每个数字都换成了"5"，然后把钟挂在了办公室墙上，这样大家都知道是为了嘲笑谁。说得直白些，当时我满脑子都是要在设计界闯出一片天地，这可不是我想象中会加入的地方。

那些人就像你高中时期的好友，而不是职场上的同事。没错，他们满怀激情，但他们的激情不仅仅放在工作上。这一点让我很不习惯。我为人内敛严肃，但充满好奇心，渴望结交朋友。很快，我就加入了办公室的垒球队，因为我看见了其他人对此多么认真。但我真正的突破是办公室里几个人请我吃午餐，因为他们听说了"那辆面包车"，想开它出去兜风。（天哪，那辆面包车——我有无数理由感谢它！）事实证明，在那顿午餐之后，我终于被新同事们接纳了。我得以敞开心扉，向他们展示我的本真，而不是我想象中"合格的实习生"。我了解到，他们想见见真正的我，就是藏在品牌服饰背后的那个小伙子；他们想见的是那个开着父母的面包车来比弗顿的人，是来自明尼阿波利斯的格雷格，而不仅仅是设计师。于是，我向他们展示了那个人，也跟他们成了朋友。

那种办公室文化是我一度难以想象的，但它确实管用。形象设计团队主管罗恩·杜马斯为团队灌输了一种精神，与耐克的品牌口号一脉相承——"放胆做"。如果你有好点子，那就放胆去做吧！有些交响乐经过精心编排，指挥家的地位至高无上，希望乐手们听从指挥；但也有一些交响乐，指挥家的存在感并不强，但听众还是能感觉得到。罗恩的影响力显而易见，哪怕他把决定权统统交给团队成员。他的期望引领着设计部的风向，他麾下的团队总能交上令人满意的答卷。只有在极少数情况下，当恶作剧搞得太过火的时候（这种事时有发生），罗恩才会走出办公室，去管教那些小家伙。

那年夏天，在那种悠闲懒散的集体氛围中，只有一个人是例外，那人名叫约翰·诺曼（John Norman）。我其实已经算注重细节的人了，可跟他比起来就小巫见大巫了。那家伙对项目中的每个细节都吹毛求疵，小到标题中一个字母的摆放位置。"不是四分之一毫米，格雷格！是三十二分之一毫米！"约翰还蔑视电脑，而我在大学期间一直使用电脑进行创作。不过，约翰让我有种惺惺相惜的感觉，他是跟我一样认真对待设计的人。约翰也从我身上看到了同样的东西，并把我护在了他的羽翼之下。我从他身上学到了精确的重要性，而我就读的设计学院并不推崇这一点。但是，当你只有一秒钟时间吸引消费者的注意力时，四分之一毫米与三十二分之一毫米的差别就显得至关重要了。

※※※※※※

事实证明，对耐克和体育界来说，那是个不同寻常的夏天。在赛季之初，阿加西就击败了克罗地亚网球运动员戈兰·伊万尼塞维奇（Goran Ivanišević），登上了温布尔登网球公开赛的冠军宝座，也摘取了他人生中第一个大满贯。他不仅以出色的表现赢得了胜利，还以独特的造型打破了古板的全白着装规定。他选择的服饰极为大胆，脚蹬色彩鲜艳的新款 Air Tech Challenge Huarache 网球鞋。当然，他几年前还在球场上穿过耐克牛仔短裤。

"飞人"迈克尔·乔丹和芝加哥公牛队所向披靡，在那年6月的

NBA总决赛中对阵波特兰开拓者队。乔丹和公牛队当然夺得了冠军，并在接下来的十年里主宰了篮球界乃至整个体育界。NBA总决赛刚结束，美洲男篮锦标赛就开始了，主办城市是波特兰。那是有史以来第一次组建起NBA球员"梦之队"。在此之前，美国代表队一直由大学球员组成。在波特兰，那些超级巨星与美洲其他球队激烈厮杀，奏响了征战巴塞罗那奥运会的前奏。

我对篮球运动和篮球巨星的热爱贯串了整个夏天，在巴塞罗那夏季奥运会上达到了顶峰。在奥运会上，"梦之队"摘得了金牌。作为球场上大多数球员的赞助方，耐克同样大获全胜。耐克抓住时机推出了一支广告片，主角是以"梦之队"为原型的动画人物。那届奥运会之所以极具历史意义，还有另外的原因：从1960年起，南非一直因种族隔离被禁赛，1992年是其解禁后第一次参加奥运会。

此外，我们还亲眼见证了我心目中迄今为止最伟大的"放胆做"时刻。四百米短跑半决赛中，英国运动员德里克·雷德蒙（Derek Redmond）因腿筋撕裂摔倒在地。他站了起来并开始一瘸一拐地往前跑，他父亲挤出人群，推开保安，走上跑道，搀扶儿子冲过了终点。使这一刻更为凄美的一点是（至少对耐克来说是这样），德里克父亲戴的帽子上印着"放胆做"字样。那不像是营销，更像是宿命。

作为耐克团队的一员，我与办公室里其他人共享了这些充满成就感与自豪感的时刻。虽然我没有亲手设计对那个夏天影响深远的标志、营销战役或广告，但我体会到了自己作为设计师缺少的东西：感觉自己做的事有意义，乃是全国性大讨论的一部分；不是像设计师有时候只自说自话，而是与世界大事保持同步，乃至塑造世界大事。这不是我在大学时期嗤之以鼻的"流行"设计。大学时期，我一心只想跻身沃克艺术中心的精英世界，如今的情况则截然不同。就像人们会为运动员的表现欢欣鼓舞一样，耐克的营销战役也能让人感受到喜悦和使命感。那是发自内心的共鸣。

我在耐克实习的那年夏天，耐克恰好购置了第一批苹果麦金塔（Macintosh）个人电脑。我对苹果电脑的欣赏始于1982年，当时我父亲买回了一台苹果 II 型电脑。由于买不起配套的显示器，我们拿家里的小型黑白电视当屏幕。电视上换频道的转盘不见了，所以我们不得不用钳子来切换电视频道和电脑频道。那是我第一次体验模拟信号与数字信号的融合，我也对科技对创意的促进或阻碍有了自己的理解。花哨的电脑程序无法取代创意，创意必须永远摆在第一位。因此，那些苹果个人电脑到来的时机非常完美，为我提供了一举成名的机会。其他同事都没有使用电脑的经验，而刚从大学毕业的我恰好能熟练操作多种电脑程序。我来耐克实习可不是为了复印和归档文件。电脑给了我发挥作用的完美平台，使我得以向团队展示自己的设计才能。

我的实习期间有一大亮点，那是一个无与伦比的设计机会。这次不会有其他设计师从旁协助，我只能完全靠自己，向上级证明自己的实力。我和其他资深设计师一起接下任务，为横跨两项运动的超级巨星戴恩·桑德斯（Deion Sanders）设计一枚个人标志，它将印在全新鞋款 Air Diamond Turf 的鞋舌上。那是第一款为棒球和橄榄球运动员设计的交叉训练运动鞋。我们必须充分展示绰号为"巅峰时刻"（Primetime）的戴恩的技能、风格与态度，将三者融入一枚小小的个人标志。没错，它必须讲述故事，但也必须激起反应，激发情感，就像乔丹的"飞人"（Jumpman）标志一样。当然，标志还必须融入戴恩精通的两项运动，棒球与橄榄球，以及他的球员编号和姓名缩写。

要将所有这些信息融入一枚硬币大小的图案中,绝不是一件容易的事。我被打了个措手不及,因为我无法依赖大学时期的设计经验,那些设计基本都是针对印刷品的。在学校里,我主要设计海报、酒标、邮票和画册等,目标是拿出新鲜独特的创意,做出从来没有人做过的东西。我知道怎么做那种设计——观看者可以退后几步慢慢欣赏,从每个角度看去都能有新发现。但那与为超级巨星设计个人标志相去甚远。此刻,我的目标不是追求独特,而是激起观看者的反应,激发消费者对品牌的情感依恋,而且必须让人过目难忘。不妨想一想乔丹的"飞人"标志——简单、清爽,只是个轮廓,却能激发感受,充满如诗的动感,让人一眼就能认出。那就是一枚标志能达成的目标。

这对我来说是全新的领域,可我不敢告诉别人。我瞄了一眼参赛的其他设计师,他们显然都用了老办法,在纸上手绘。我则使用了苹果电脑上的 Adobe Illustrator 设计软件。我以为这是我的优势,但事实证明,这只会扼杀我的灵感。我提交的作品虽然独特,但缺少发自内心的感触;换句话说,它们缺少戴恩给人的感觉。电脑很适合设计印刷品,但用来设计标志就捉襟见肘了,因为标志设计需要在纸上释放想象力,让奇思妙想引导笔尖。我看到的"老办法",也就是显得有点儿原始的手绘,其实正是耐克设计师的秘密武器,用来挖掘标志必须激起的发自内心的情感。不过,我当时还年轻,相当自负,就是不肯撒手,不愿放弃自己掌握的数字化工具。我深知整个过程会很艰难,但还是咬牙继续推进。最后,我陷入了绝望,给大学教授打电话诉苦,提起了自己遇到的难题,向他征求意见。他说:"设计标志是老年人的游戏。"好吧,说了跟没说一样。因为我还年轻,这话对我没有任何意义。

我设计的标志没有入选。我相当失落,因为在刚刚起步的职业生涯中,我还没有经受过这样的打击。我的第一反应是,也许我不适合待在这里。不过,当时的主管很快打消了我的消极念头。他解释说,你在创新过程中并不会失败,要把目光放长远,利用这样的机会汲取经验,下次再卷土重来,赢得胜利。当然,他说得没错,可我就是没法摆脱一种感觉:在这个需要瞬间激发情感的领域中,我学过的很多设计课程都毫无意义。我就像是短跑界的马拉松长跑选手。

也许是感觉到了我失败的痛苦,也许是想奖励我夏天的出色工作,罗恩·杜马斯带我去参加了一场会议。在会上,最终胜出的标志被提交给了誉为"史上最伟大球鞋设计师"的汀克·哈特菲尔德(Tinker Hatfield)。没错,这有助于缓解我的痛苦。

******

那个夏天很快步入了尾声。最后一个周末,我去参加了胡德山蓝调音乐节,目睹了吉他手兼歌手巴迪·盖伊(Buddy Guy)和金(B. B. King)如何迷得观众如痴如醉。我以为那会是我最后一次来比弗顿。当然,在狠狠恶搞我一番之前,同事们绝不会放我离开。实习的最后一天,我走进自己的格子间,发现墙上挂着一幅面包车海报,上面写着"可别边设计边开车"。那个恶作剧并不是太刻薄,但我猜他们是放了我一马,希望我有朝一日能回来。总之,我跟大家道了别,把面包车开回明尼苏达州,开始在沃克艺术中心实习。事实证明,那是那辆面包车的最后一趟旅行。我设法从三个月的实习工资里省下了五百美元,也就是比刚来时多了两百美元。但在返程途中,面包车的刹车坏了,修理费花掉了我省下的五百美元。所以说,我回家时跟去的时候差不多,还是

第一章　进入竞技场之旅

穷得叮当响。

不久，我就开始了在沃克艺术中心的实习。突然之间，我被抛回了曾经热爱且崇拜的设计精英界。如果说耐克的实习是为期三个月的有趣修整，那么沃克的实习则是一件认真严肃的事。这里没有短裤，也没有T恤衫。办公室里没有垒球队，也没有恶作剧。这里是定义卓越艺术的地方，时刻伴随以伟人为榜样的压力。你的设计作品需要尊重过往，同时也要界定未来。不过，伴随压力而来的是同样多的自由。你可以尝试并创造全新的方式，展示沃克艺术中心的各个项目，往往是展示给极其小众的一小撮人看。

在那里，我有机会扩大博物馆的影响力，为艺术展吸引全新的观众群体。我被选中负责设计全国第一场黑人民权领袖马尔科姆·艾克斯（Malcolm X）艺术展。那场展览汇集了各界艺术家的一系列艺术品，这些作品分别在马尔科姆生前和死后的不同时期完成，全方位展示了这位著名民权领袖。整个项目的高潮是提前放映斯派克·李（Spike Lee）[1]执导、影星丹泽尔·华盛顿（Denzel Washington）主演的传记电影《黑潮》（*Malcolm X*）。那部电影让当时和如今的大多数美国黑人青年感同身受，更令当时的我深有感触。我并不完全认同马尔科姆的做法，但的确理解他对自己身份的追寻。他身处两个不同的世界，与过去的黑人民权领袖决裂，开辟了一条通往黑人赋权[2]的新路。

我还记得我年轻时的体育明星，以及他们如何开辟自己的赋权之

---

1. 斯派克·李：美国黑人电影导演、编剧及演员，其导演的作品以涉及尖锐的种族问题而闻名。
2. 黑人赋权（black empowerment）：旨在为黑人提供机会，帮助他们增加收入，拥有财产，更多地参与经济活动。

灵感

路——除了靠在运动场上的表现，还有通过耐克的镜头让公众看见。我从他们身上找到了身份认同，找到了力量，找到了希望，总觉得他们似乎在向我诉说什么。小时候的我只是观众，但如今作为耐克的实习生，我是协助创造这些重大时刻的人。1992年夏天就出现了若干类似的重大时刻——从乔丹率领公牛队第二次摘得NBA总冠军，到历史性的"梦之队"诞生，再到女子田径运动员杰西·乔伊娜-柯西（Jackie Joyner-Kersee）在七项全能比赛中摘得金牌。我感觉到办公室里每个人都同样自豪。为什么？因为耐克与那一刻息息相关。作为实习生，我尝到了那种滋味，还觉得不够，想要更多。在耐克，设计师随文化潮流而动，对重大事件做出回应，塑造人们对体育的看法。我想成为那番事业的一部分。最重要的是，在美国西海岸那个不受约束的反文化（也不那么多元化）前哨，耐克所做的每件事都饱含力量。在比弗顿结交的新朋友给我写信，问我什么时候回去，还拿我们共度的那个夏天开玩笑，这也让我更加想念耐克。

当时是4月下旬，我已经在沃克艺术中心实习了八个月。耐克打电话告诉我，他们空出了一个设计岗位，这让我激动万分。不过，有一个条件：如果我无法在5月15日入职，那么工作邀约就过期作废。这一点没商量，因为当时耐克的业务迅速增长，急需助力，以便推动并实现品牌需求。我常常回想起在耐克度过的日子，所以在接到那个电话时，我满脑子都是耐克的"对勾"标志。我在俄勒冈州有事要做！如果沿着目前的职业道路一直走下去，我绝不可能找到那样的意义，得到那样的满足。毫无疑问，我会接受那份工作。

只有一个问题：我必须告诉劳里。当时，劳里已经成为我的导师，我在她身上学到了很多东西。有一天，我正在设计版面，一丝不苟地放置各个要素,她突然夺过鼠标,在屏幕上一通拖拽,把我的设计弄得一团乱。我吓了一大跳,但那正是我需要的。劳里说,关键就在于不要试图做到完美;放松下来,你就会发现新的创意领域,你的观众也会发现。她说得对极了。我通常喜欢稳妥行事,不爱冒险。直到今天,我还会利用她教我的这一课来超越预期。

我崇拜劳里,但同时也很怕她。想象一下,告诉《时尚》杂志主编安娜·温图尔(Anna Wintour),说你要提前结束实习。谁会离开高高在上的全球创意圣地,去投身……体育?我怎么才能提出离职而不冒犯她?不过,当我最终告诉劳里,我需要相信直觉,并会将从她身上学到的东西运用到有全球影响力的舞台上时,她祝福了我。

我需要这样的了结,也需要她的确认:在我崇拜的大人物眼中,我要做的事是可行的。

那年夏天,我从耐克学到的所有东西里,没有什么比这一点更能影响我的决定:激发情感是关键。此外,我的实习期刚好与1992年精彩绝伦的体育之夏完美重合。有公牛队,有奥运会,还有"梦之队"。安德烈·阿加西身穿全白的耐克服饰,包括一顶印有"对勾"标志的帽子,赢得了温布尔登网球公开赛冠军,这导致耐克改变了企业标志。还有一些极为大胆的广告,例如《哥斯拉对战查尔斯·巴克利》(*Godzilla vs. Charles Barkley*)。在那支广告中,菲尼克斯太阳队的篮球明星查尔斯·巴克利在东京街头一对一单挑巨型怪兽。在那股澎湃的激情背后,耐克试图打造一个品牌,将体育的定义拓展到田径场、球场和伟大运动员之外。"待在你的赛道上"(Stay in your lane)的说法在此并不适用,我们积极将自己的"赛道"与其他文化潮流融合起来。对耐克和像我这样的年轻设计师来说,那是一个令人振奋的时代。我当时还不知道,那

021

仅仅是个开端。

在耐克，我们会激发观众和消费者发自内心的情感，不光是为了让他们购买我们推出的鞋款，还为了让他们感觉到自己也是故事的一部分。沃克艺术中心一直在做大事，不仅吸引了世界上最前沿的艺术家，也敦促设计团队以同样先锋的方式展示艺术品。我知道，如果没有在耐克的实习经历，我在沃克艺术中心会过得很开心。艺术家常说，艺术能改变世界。这话千真万确。但在耐克，我渐渐明白，人们只有感觉受到激励、自己发声有人倾听、有动力追求卓越的时候，才会真正被艺术打动。我看到，耐克才刚刚开始了解能利用情感做些什么，还有更多东西需要发掘和探索，体育与打动全世界的激情才刚刚开始交融。我可不想错过这个好机会。

于是，我又该开二十七小时的车回波特兰了。这一次，我开着自己的车，一辆 GMC Jimmy 越野车。它比我父母的面包车上了一层楼，但缺少那种魅力和神秘感。我的新岗位在耐克的形象设计部门，位于新开放的诺兰·莱恩（Nolan Ryan）大楼。那座大楼以我的另一位童年偶像命名。他投出的球快得惊人，跻身美国职业棒球大联盟名人堂，持有多项大联盟纪录。我又有机会以伟人为榜样了。

上一次开车去耐克的时候，我以为那只是一趟短暂的旅程。但这一回，我有种一锤定音的感觉。我深知，自己再也不会回明尼阿波利斯，再也不会在艺术和体育之间做选择了。两者将永远交织在一起。

第二章　创意乃团队运动

接纳热爱畅想的人。让安静的人发声。多元化就像氧气，能为追寻创意之旅注入活力。

灵感

在每周一次的品牌营销例会上，我们正准备轮流分享最新方案。在这种会议上，选座位是有讲究的，因为你绝不想被第一个叫起来做分享。不是因为你不负责，而是因为对品牌团队来说，那段时间是最忙的，你需要趁别人做演示的时候赶紧更新方案。有些时候，你选对了座位；但有些时候，你会不巧被第一个选中做分享。

就在我们准备开始分享的时候，会议室的门开了，老K教练没打招呼就走了进来。伟大的迈克·沙舍夫斯基（Mike Krzyzewski），是五届美国全国大学体育协会（NCAA）[1]联赛冠军——杜克大学蓝魔篮球队的主教练。我猜，在那一刻，每个人仿佛都回到了童年，听见自己内心在疯狂欢呼。接着，老K教练开始了鼓舞士气的讲话，仿佛我们是开赛前五分钟坐在更衣室里的球员。老实说，我不知道大家是怎么保持冷静的，但他们的确做到了，表现得像是经历过这一幕似的。

如果仅此而已，那么这会是我遇见老K教练的故事，一个痴迷体育的孩子在成年后美梦成真的故事。但对我们所有人来说，那天老K教练的讲话意义更加深远，那一课多年来一直陪伴着我。他本可以对一支篮球队训话，而不是对一群品牌营销专业人士讲话。但这并不重要，他传递的讯息放之四海而皆准，而且与这本书息息相关。

1.美国全国大学体育协会（National Collegiate Athletic Association）：由一千多所美国和加拿大大学院校组成的协会，每年举办各种体育项目联赛，其中最受关注的是上半年的篮球联赛和下半年的橄榄球联赛。

第二章 创意乃团队运动

"你们的优势是你们的视野,"老K教练盯着围坐在桌边的每个人说,"你们能看见别人看不见的东西。作为营销团队,你们的视野就是跟其他人的区别。"真是难以置信。完美的比喻,完美的表述。我们看见的东西、看见的方式、选择看见什么,以及如何向别人展示我们看见的东西,正是品牌营销人员做的事。

就这样,鼓舞士气的讲话结束了。老K教练祝我们好运,感谢我们为他的项目所做的一切,然后离开了会议室。是时候上场开赛了!我承认,多年来我一直支持杜克大学队的对手。我是大东联盟[1]的球迷,尤其支持乔治城大学队。况且,克里斯蒂安·莱特纳(Christian Laettner)[2]在1991年四强赛中打倒了不败的内华达大学拉斯维加斯分校队(UNLV),我还没从受到的打击中恢复过来。但在亲眼见到老K教练并听过他讲话之后,如果他们有需要的话,我很乐意穿上连身装,给他们的球队扮吉祥物。

作为品牌营销人员,我们的工作是以新颖、有见地、有时充满挑衅的方式向受众展示世界,并通过老K教练所说的"视野优势"来做到这一点。我们能看见其他人忽略的洞见和真相,并通过图像、影片、营销战役、建筑和产品等揭示出来。如果你认为我们仅仅是以最适销对路的方式推广品牌或产品,怎么能卖得最好就怎么做,那你就大错特错了。

---

1. 大东联盟(Big East):美国全国大学体育协会中的联盟之一,由来自美国东北部、东南部、中西部的大学组成,成立于1979年,2013年改称美国竞技联盟(American Athletic Conference)。
2. 克里斯蒂安·莱特纳:美国前职业篮球运动员,司职大前锋/中锋,大学期间率领杜克大学蓝魔队在1991年、1992年连续两年夺得美国全国大学体育协会联赛总冠军,还是1992年巴塞罗那奥运会"梦一队"中唯一的在校大学生。

不，营销人员并不推销产品，而是讲故事。无论运用哪种媒介，我们都是通过富于洞见的故事分享品牌宗旨与价值观。那些故事能打动受众，激发特定的情感，使消费者与品牌建立持久的情感联系。

在这本书里，我们将谈到这么做的具体过程：我们如何讲述最有效的故事，与消费者建立联系？我们从哪里开始？我们在寻找什么？但在讲那些故事之前，必须先打好基础。每场成功的品牌营销都包含若干要素，我将在接下来的章节中逐一介绍。

其中一个基本要素，也是许多动人创意的源泉，就是共情。我们拥有理解并分享他人感受的能力，这使我们能挖掘出更深层的真相，并围绕它们塑造故事。正是因为能够共情，我们才能跳出自身局限，寻找能打动别人的东西。他们关注什么？为什么而喜悦？他们害怕什么？需要什么？他们的梦想是什么？我们的品牌与这些情感有哪些交集？我们的产品如何让他们满足或缓解这些情绪？我们能从中获得深刻的洞见，为故事讲述和消费者体验提供素材。

整个过程很难用寥寥数语加以概括。本书的大部分内容将带你进入我的创意流程，领略我在耐克工作近三十年来积累的经验。我们之所以能创造众多载入史册的营销战役，并不是因为我们有很多预算。我们之所以能做到这一点，是因为我们能与消费者对话，并在一定程度上打动了他们（在这一点上，很少有品牌能与耐克相提并论）。要弄清什么能打动消费者，我们必须先了解他们，还要了解我们宣传的对象，无论是产品、运动员，还是某次事件。

我们大多数人都能理解并接受，不是每个人都以同样的方式看待世界。始终对别人看待世界的方式充满好奇，则相对难做到一些。但是，如果我们要与受众建立联系，并通过创意作品构建这种情感联系，就必

第二章 创意乃团队运动

须积极寻找看待世界的全新方式。老 K 教练说过，我们拥有视野优势，但他并没有告诉我们如何获取这种优势。不过，我会告诉你。

不幸的是，光是你理解这一点还不够，你所在的组织也必须理解这一点。换句话说，你的品牌，你所在的团队、部门和公司，都必须在创意头脑风暴中有意激发共情。只有这样，你才可能找出打动消费者的深刻洞见，进而构建使品牌从优秀走向卓越的情感联系。

创意的化学作用

1997 年，巴西国家足球队处于巅峰状态。在罗纳尔多和罗马里奥（Romario）"双罗组合"的带领下，巴西队在迈阿密的"橘子碗"[1] 赛场上对战墨西哥队。不过，在佛罗里达州南部举行的这场比赛并不属于世界杯。事实上，这场比赛的结果不会影响任何联赛或排名。这是一场在美国本土举行的表演赛，纯粹是为了追求比赛的乐趣，也是耐克巴西队世界巡回赛的第一站。这项持续多年的活动将带领巴西队在全球范围内参加一系列比赛，所有比赛都会通过体育台 ESPN2 进行全国转播，并由每支参赛队所在国电视台和其他全球运营商进行国际转播。在 20 世纪 90 年代末，对既不是奥运会、世界杯，也不是"超级碗"的活动来说，有如此规模已经相当难得了。

这种合作关系是耐克的大胆之举，旨在提升自己在国际足球市场上

---

1. 橘子碗（Orange Bowl）：该赛事由橘子碗委员会负责举办，最初为橄榄球比赛，后来又发展出许多其他体育项目。

027

的影响力。1996年底,足球鞋销售额只占耐克全部鞋履销售额的百分之一。这场持续多年的盛大活动使世界上最热门的球队每年出现在数百万观众面前,有助于耐克成为足球界的著名厂商。

不过,影响耐克做出这个决定的还有另一个因素:巴西足球一直是"创意乃团队运动"的理想代表。事实上,巴西创造出了自己独特的控球方式,也就是著名的Ginga(字面意思是"摇摆")步法。Ginga是巴西文化在体育运动中的体现,受到了巴西武术和桑巴舞的影响。这种步法强调优雅与格调,而不仅仅是纪律和适当技巧。正如巴西"球王"贝利(Pele)所说:"我们想要跳舞,想要Ginga。足球并不是拼死一搏,你还要踢得漂亮。"

Ginga控球法把焦点放在每一位球员身上,给了每个人"踢就要踢得漂亮"的自由。而巴西球员的多元化,也就是每位球员的突出个性,正是巴西队的独特优势。当然,每位球员都是根据能为球队做出的贡献精心挑选的,但不是像电影《点球成金》(*Moneyball*)那样按照统计数据挑出来的。每位球员都是丰富多彩的个体,拥有独特的个人故事和比赛风格,球队也鼓励他们在球场上展示出来。巴西队不光追求效率和比分,还利用每位球员充满创意的个人特色,营造出令人兴奋、难以预测、所向披靡的比赛风格。他们不但会献上精彩表演,还会赢得胜利。当时许多球队都遵循更为严谨、条理分明的"德国作风",讲求整齐划一,压抑个性发挥。巴西队的作风与此形成了鲜明对比,不单纯追求精准,更依靠创意产生的化学反应——多种元素的混搭创造出了独特风格。这支队伍里有叛逆者,也有魔术师,有淡泊派,也有小顽童。在一般情况下,这可能会给球队带来灾难,因为在像足球这样讲究配合的优雅运动中,需要每个成员进行天衣无缝的合作。但是巴西队做到了,踢出了一代人心目中最激动人心的足球比赛。

我们深信，这支队伍能够代表耐克的创新与创造力。耐克是个乐于打破常规的品牌，会集了一群极为独特的团队成员，在创意、叙事等方面引领了行业风气，并与消费者建立了强大的情感联系，就像巴西民众与球队之间的联系。

在巴西队世界巡回赛期间，我还是一名年轻的设计师，却要负责品牌建设、艺术指导和体验设计，不仅仅是针对世界巡回赛，还针对耐克为一年后法国世界杯做的众多预热活动。就像我在耐克的头五年一样，没人问我有没有能力做这些项目；他们只是把项目交给了我，假定我能够完成。我不是建筑师，却要设计一间商店；我不是作家，却要提交剧本；我不是电影制片人，却要通过影片讲述故事。那段时间，我常常必须独立完成任务。我别无选择，唯有学会充分利用手头资源，在需要的时候寻求帮助，并相信自己的直觉和天赋。

我前往巴西中部城市戈亚尼亚，与耐克的新伙伴合作，首次拍摄巴西国家队。我们可以与球队全方位接触（这在当时十分罕见），还能在场上场下跟随球员拍摄。我和团队去的时候已经想好了拍摄策略，但在离开时却收获了更好的素材。

我们在现场观看了一场向公众免费开放的争球赛。这对球迷来说可谓喜从天降，但从安全角度来看，显然没有经过深思熟虑。当一两个球迷穿过隔离带，爬过球场周围的围挡后，麻烦就出现了。现场保安能应付一两个过于热情的球迷，但最初的几个人迅速演变成了滚滚人流，数百人开始拥过人墙并冲进赛场。大坝决口了，保安被人潮淹没了。

我只有几秒钟时间做出反应。意识到自己和团队被数百名兴奋的球迷团团围住后，我迅速指示摄制组在罗纳尔多身边围成一圈，他是当时

灵感

世界上顶尖的足球运动员。冲上前来的人潮来势汹汹，摄制组成员被推来搡去，围成的圈子越来越小，离罗纳尔多越来越近。这时，我意识到罗纳尔多在对我说话。他说的是葡萄牙语，我只能听懂个大概，但能听出来，他希望我的团队放开手，让球迷进来……让球迷靠近他。我不知该如何是好。我可不想成为害世界上最受欢迎的足球运动员被球迷挤伤的罪魁祸首。但我很清楚，摄制组阻挡人潮的时间越长，就越有可能发生踩踏惨剧。于是，我让大家放弃抵抗，而后球迷冲到了我们周围。不过，他们并没有挤伤罗纳尔多。他们视他为偶像，只是想离他更近一些。突然之间，球迷疯狂的举动变成了建立情感联系的时刻。

这次经历影响了我的拍摄方式，使我抛弃了原本的拍摄计划。除了用黑白纪实风格的摄影作品展示球队，我还想纳入热情的巴西球迷的影像，他们中的许多人都来自贫困地区。我的想法并没有得到巴西足球理事会领导层的支持，他们更倾向于只通过球员的英雄形象展示球队。不过，我没有退缩。我提出，巴西足球不仅仅关乎球员，还关乎巴西民众，关乎那些热爱足球的人，以及围绕球队的激情与文化。世界上没有哪个国家能像巴西这样，展现出这种程度的奉献精神。如果我们举办巡回赛和拍摄球队的目标是向世人展示"世界队"，那么就必须展示这支球队对当地民众的意义。最后，我获得了批准，得以拍摄巴西队及其球迷，讲述这支非凡队伍中每个人的故事，以及球队对热爱他们的球迷的意义。

我在巴西世界巡回赛中的经历，尤其是在戈亚尼亚的拍摄经历，突显了在多元化团队中发现的共情之力与创造之力。在克服当下的恐惧后，我意识到了这支球队真正的意义：它以一种其他运动队很少能做到的方式，代表了一个国家的希望与梦想。这就是我洞悉的真相。就在那一刻，我们通过共情，将拍摄一支运动队变成了庆祝一个民族和一种文化。此外,能够亲眼见证像巴西队这样的团队,我也感慨万千。这个团队由众多独特的个体组成,每个人都朝着同一方向努力。我禁不住联想到,这也许能解释耐克在创意合作领域取得的成功。说到团队组成和内部合作,耐克并算不上十全十美,但它开发了一整套倡导冒险、追求成效的流程,并从多元化的个人技能中受益。直到很多年以后,我才得以将这些想法付诸实践。又过了很多年,我才渐渐理解,为什么自己的做法能奏效。但这一切都始于巴西,以及一种叫作 Ginga 的优美步法。

全新角色,全新工作方式

2010 年,我成为耐克全球品牌创意副总裁。我的任务是领导并重组品牌营销,负责故事讲述与消费者体验。这个头衔和这份工作都是全新的。我们将广告、数字营销、品牌媒介、品牌设计、零售与事件营销全部整合到了一把伞下,而我就是撑起这把伞的人。就目标和实践来看,重组的理由很简单:我们想把所有团队整合起来,以更为统一的方式推出创意。我们想让各个团队从一开始就携手合作,借鉴彼此的观点和经验,从同一核心理念(深刻的洞见)与品牌建设出发,推出某支概念宣传片或某场营销战役。我们的目标是事先就让大家心往一处想,以便在不同平台和渠道上释放出更强大的创意能量,将点子化为现实。至少长远计划是这样的。短期目标则是让各部门摆脱现有的孤立状态,减少不同部门之间的小团体保护主义。

这个新部门让耐克迎来了现代化营销时代,也就是数字化优先的时代。我们通过世界顶尖的艺术指导、品牌建设和故事讲述,在网站、社交媒体和应用程序中整合品牌识别[1]与品牌调性。我们不断向前迈进，现在终于正式进入了数字化时代，电视、平面媒体和广告牌已不再是吸引消费者的主力。如今，数字化平台，更具体地说是手机，比20世纪五六十年代的电视更快地主导了品牌营销领域。我们的组织结构需要像消费者的关注点一样迅速转换，同时保持足够的灵活性，以便应对新渠道带来的挑战。过去，你能控制消费者观看营销内容的速度，因为电视广告在特定时间段，以特定间隔在特定频道上播放，平面广告则刊登在有特定订阅人数的特定平面媒体上。但网络视频呢？它可能早上还在火爆疯传，到晚上就成了明日黄花。游戏规则已经改变，耐克的市场营销也需要引领改变。接下来的八年里，耐克的营收翻了一番。

全新的数字化时代为我们提供了众多工具，使我们能接触到全新的消费者群体，并通过一系列平台将他们联系起来，在全球范围内激发共有的激情。尽管各部门继续专注于自己的专业领域，但在这么做的同时，我们会更强调共同的事业。我们能够通过更亲密、更个人化的方式讲述并传播故事，充分发挥想象力，使各个国家、各种文化围绕体育团结起来。

创意"梦之队"

我在2020年初从耐克退休时，给老朋友和老同事们做了一次演讲，强调了团队中每个成员无与伦比的价值。在我看来，这正是我在耐克取

1.品牌识别（brand identity）：指企业通过一套系统的设计，清晰地表达其价值主张，使消费者更容易从众多品牌中将其识别出来，并相信品牌对消费者做出的承诺。

得成功的原因。如果团队配合不够默契，那么其他东西都无从说起。一切取决于最大限度地发挥每个成员的优势，不让任何一个人落在后面或主导整个流程。这种平衡并不容易达成，因为为了组建适当的创意团队，你需要做的事似乎有悖直觉。但就像巴西国家足球队一样，如果你能做到这一点，奇迹就会出现。只有先理解"一切都始于适当的团队"，你才能欣赏接下来的故事。在当晚的演讲中，我提到了三大要素。我渐渐了解到，这三大要素不但能催生最出色的创意成果，还能打造出最令人满意的创意文化。

接纳热爱畅想的人：演讲一开始，我就呼吁大家接纳热爱畅想的人。我指的是团队中的右脑型思考者，这类人常常让你和其他人抓狂。右脑型的人，也就是喜欢问"假如……"或者"为什么不……"的人，在美国企业中通常都不受欢迎。美国企业更青睐分析型思维，而不是创造型思维，因为前者更适合在层级架构中工作。热爱畅想的人活得并不轻松，但如果你的品牌想把创新放在第一位，就必须接纳这类人。充满创意的企业文化，追求冒险颠覆而不是维持现状的文化，能够成为品牌的竞争优势。

让安静的人发声：接下来，我谈到了"安静的人"。许多组织都存在一种错误观念：声音越响的人越聪明。但在很多情况下，他们仅仅是声音响亮而已。根据《安静：喋喋不休的世界中内向者的力量》（*Quiet: The Power of Introverts in a World That Can't Stop Talking*）一书作者苏珊·凯恩（Susan Cain）的说法，内向型人士占总人口的三分之一到二分之一。凯恩表示，如果感觉这个人数听起来挺多的，那是因为大多数内向型人士都会隐藏自己的这一面——要么是默默充当背景，不引起别人的注意，要么是强迫自己说些什么，不管说什么都好，只为了与声音响亮的成员相处。通常来说,安静的人花在"思考当下"上的时间比较少,更多的是畅想更美好的未来。在高绩效团队中,这是一种绝妙的能力。著名导演史蒂芬·斯皮尔伯格、谷歌创始人之一拉里·佩奇乃至大科学家爱因斯坦都是众所周知的内向型人士,他们对电影、技术和科学的贡献改变了世界。因此,请为内向型人士提供时间和空间,让他们做自己最擅长做的事,也就是三思而后行。

多元化不可或缺:显然,职场多元化仍然是我们营销行业的前进目标。《营销周刊》2020年进行的职业与薪酬调查发现,在3883名受访者中,有88%是白人,4%是混血,5%是亚裔,2%是黑人。也就难怪我会敦促同事们继续引入外部声音,也就是在办公室和会议室里最少发声的人。多元化追求的是公平的就业机会,以及为少数族裔提供在历史上被剥夺的机会。不过,多元化还有另外一面。我想说的是老K教练提到的"视野优势",也就是看到别人看不见的东西的能力。同质化团队或许会缺乏某些生活经历或知识,难以发掘出可能引出深刻真相的洞见。如果你和你的团队无法"看到"洞见,就不可能打造出引起受众情感共鸣的故事或体验。多元化就像氧气,能够为创意过程注入活力。想要打造出让创新自由滋长的营销"梦之队",就必须吸纳拥有不同技能组合、生活经验和观点视角的成员,而上述特质往往取决于一个人的种族和性别。

各大品牌常常会形成单调雷同的企业文化。他们会自我设限,围绕领导者和多数创始成员的个性组建团队,通常还意识不到自己在这么做。他们会避开热爱畅想的右脑型人士,觉得那些人不擅长与人合作。他们会无视安静的人,觉得腼腆是软弱无知的表现。他们会为了能自在行事,就寻找跟自己相像的人。如果不刻意围绕我在前面列出的特质来组建团队，品牌就会陷入自满，创意也会趋于平淡。

为了取得最佳成效，你必须积极主动地组建团队。你必须向自己发起挑战，吸纳那些思考方式、说话方式、穿着打扮都跟你不一样的人。创意之旅并非始于团队成员坐在一起畅想，而是始于吸纳各类成员组建起团队。

传球六十二次

2021年4月，在与毕尔巴鄂竞技队的比赛中，已经三比零领先的巴塞罗那队在两分半钟内传球六十二次，助力梅西在最后时刻踢进了精彩一球。对巴塞罗那队来说，这类打法并不罕见。在此前的比赛中，这支队伍每场传球都超过四十次。这是因为巴塞罗那队始终遵循名为 tiki-taka（短传加跑动）的战术。这种战术源于西班牙本土，特点是短距离传球，保持控球权，寻找对方防守空隙。简而言之，巴塞罗那队展示了最为出色的团队化学反应，每个成员都为同一目标努力，彼此心有灵犀，预测对方下一步动作，最终取得成功。

来回传球，分享绿茵场上的能量，甚至是通过积极防守来积聚能量，每次将球踢出都带来更大的优势，这种优势起初或许难以察觉，但随着时间推移会越来越明显，直到关键时刻到来，然后射门得分！

有时候，竞争激烈的工作环境会导致缺乏分享。无论是在小型团队中，还是在跨城市、跨地区的大型团队里，所谓"水土不服"综合征都会悄悄潜入企业的创意文化。换句话说，别处做出的创新在这里不受欢迎，只会被拒之门外。有些团队不是积极传球，而是停止 tiki-taka，直接把球带回自己家。没有创新的动力，没有创新的基础，也没有携手共进的目标。每个球员只想着自己，想让别人把球踢来，好让自己能射门得分。

这正是我想要避免的心态。从2014年起，我们就开始寻求新方式，利用新兴的数字化技术提升现场活动体验。刚开始，我就向打造这些未来概念的团队强调，不要自己闷头苦想，而要敞开心扉跟大家分享。分享和借鉴其他团队的想法不但没问题，而且受鼓励。毕竟，我们大家同舟共济，如果另一位队友进了球，你不要抱怨，而要进入状态，促成下一次精彩进球。接下来的四年里，世界各地都出现了"有史以来第一次"的沉浸式品牌体验活动浪潮，每场活动都建立在前一场的创意之上。球从一个团队传到另一个团队脚下，利用这个不断前进的势头，积蓄起了创新的能量。最终成果完美展示了跨时区分享与激进创意合作的力量。

我们起步于上海的曼巴之家（House of Mamba）LED篮球场。2014年，耐克同数字化设计与传播机构AKQA联手打造了那座球场，纳入了运动追踪系统和交互式LED可视化技术（从本质上说，球场本身的功能有点儿像巨型平板电脑）。那座球场既带来令人惊叹的视觉展示，又带来革命性的训练创新。绰号"黑曼巴"的篮球巨星科比·布莱恩特（Kobe Bryant）在球场编程过程中发挥了积极作用，他在其中加入了洛杉矶湖人队同款训练课程。事实上，在球场开幕期间，科比还在现场协助培训并激励来自中国各地的玩家。

接下来，在2015年，我们回到美国，推出了"最后一投"（Last Shot）营销战役。我们打造了一座沉浸式互动的LED篮球半场，让玩家重现乔丹职业生涯中的三个伟大时刻。"最后一投"体验在纽约市NBA全明星周末期间推出，将宾夕法尼亚展示馆化为时光机，借助一千万个LED灯和显示器，展示了乔丹三大标志性时刻的现场观众。伴随倒计时,玩家可以模仿乔丹在球场上的动作,看自己能不能像他那样一投定胜负。被《连线》(Wired)杂志誉为"世界上最酷篮球场"的"最后一投"同样是耐克与AKQA联手打造的。它改进了在上海首次展出的创新模式,为消费者带来了更加身临其境的体验。

接下来,球穿越了半个地球,传到了菲律宾首都马尼拉。那是2017年揭幕的耐克"无限跑道"。我们与新加坡BBH广告公司合作,在马尼拉打造了有史以来第一条LED跑道。"无限体育场"跑道覆盖了整整一个街区,样式效仿耐克LunarEpic跑鞋的鞋印。呈八字形的两百米跑道周围布满LED屏幕,可供多达三十名跑步者跟自己赛跑。跑完一圈并得出初始计时后,跑步者的鞋上会附上传感器。这么一来,他们就能跟代表自己此前速度的数字化身赛跑了。化身展示在他们身边的屏幕上,与他们并肩奔跑。想象一下,实时跟自己赛跑,能给人多大的动力!

最后,也是在2017年,球绕过世界一周,传回了起始的地方——上海。我们与创意机构韦柯广告公司(Wieden & Kennedy)合作,接管了上海的美罗城,将一栋巨大的球形建筑变成了一颗互动式的旋转地球,作为耐克React减震科技鞋履发布会的一部分。我们打造出的幻象既简单又有效。从外面看,跑步者似乎是在世界之巅慢跑。上海的天际线映衬着他的身影,巨大的地球在他脚下旋转,仿佛是他的奔跑让地球转动起来的。事实上,跑步者是在大楼下面的跑步机上慢跑,身影被投射到"地球"顶端五米高的隐形屏幕上。这场营销战役被恰如其分地命名为"跑动地球"。随着跑步者持续跑动,建筑物大小的地球转得越来越快。在现场目睹的人看来,那就像一个奇迹。通过社交媒体,那惊人的一幕也在全球网络上疯传。

从外表看来，那几场活动像是彼此独立的创新，并没有统一的营销战役将它们联系起来。但从内在来看，它们都是一场演进之旅的组成部分。每次创新彼此促进，一个比一个令人惊叹。各个团队的 tiki-taka 汇聚成了美妙的发展势头，一个团队的创意被另一个团队吸纳，创造出了一连串"射门得分"！我在前面分享的几个活动仅仅是开始，它们共同组成了一个不断扩展的庞大序列。各个团队来回传球，积蓄创新能量。每个团队都站在前人的肩膀上，以至于没有哪个团队能声称自己才是创意起源。当然，这正是激进创意合作的关键：我们是个团队，也像团队一样合作。

不过，哪怕是团队管理得当、训练有素，成员之间拥有非凡的化学反应，也需要源源不断的灵感和激励，才能维持"进攻优先"的心态，在竞争中保持领先。

好奇乃催化剂

过了好一会儿，我们才意识到，这家伙不是在开玩笑，他真的相信世界上有大脚怪，而且多年来一直在追捕这种神奇生物。简而言之，他是个大脚怪猎手，就连穿着打扮也像做这个的：身穿卡其色工装背心，腰间系着工具腰带，头戴相配的宽檐帽，活像著名建筑师弗兰克·劳埃德·赖特（Frank Lloyd Wright）与澳大利亚荒野猎人"鳄鱼"邓迪（Crocodile Dundee）的合体。我们两百多名设计师坐在台下听他讲述追捕大脚怪的经历。起初，大家简直惊呆了，不知为什么要请这家伙来做演讲。不过，震惊很快变成了大笑，大笑又变成了着迷。没错，这家伙非常认真。我们听得津津有味。

那是设计团队静修之旅的第二天,我们身在华盛顿州哥伦比亚河畔的密林荒野之中。这个所谓"设计营"是为了打造强大的团队认同感和团队文化,同时也是为了教育我们这些新人菜鸟的一种方式。(当时是1993年,我加入耐克还不到一年。)在大量的户外运动之余,我们加深了对品牌前进方向的了解,学到了通过不落俗套的方式寻找灵感。整个过程中穿插了若干特邀嘉宾演讲,他们都是各自领域的创新人士,受邀前来激励我们并激发我们的灵感。"大脚怪猎手"绝对属于不落俗套的那一类。

当天晚上,有一位以爱恶搞著称的耐克资深设计师,觉得趁这个时候租一套大脚怪连身装会很有意思。我们正吃着晚饭,森林里突然钻出了一只"大脚怪"。它从头到脚覆盖着浓密的棕色毛发,穿过马路时险些被当地一辆小卡车撞倒。接着,它步履蹒跚地走进了户外用餐区,把所有人吓得够呛。幸运的是,"大脚怪猎手"不在——他显然已经去进行下一个研究项目了——否则很可能酿成惨剧。

当时,我还没有充分了解灵感的重要性,也没有掌握寻找灵感的方式。多年以后,回顾自己职业生涯早期的这段插曲时,我终于理解了为什么当时我们要围坐着听"大脚怪猎手"侃侃而谈。关键不在于哈哈大笑(虽说我们确实笑了),而在于通过逗乐的方式,我们开阔了眼界,了解了一些原本不可能见识的东西。我没法说"大脚怪猎手"为我的创意之旅带来了什么灵感,但我可以说,在身为设计师和营销领袖的职业生涯中,每当必须去不寻常之处寻找创意灵感时,我常常会想起他。

好奇心是创意的催化剂。它能让你看到机遇,并利用灵感抓住机遇。尽管灵感看似无穷无尽,但要找到它并不是件容易的事。因此,与其等灵感来找你，不如制订计划，让它自然而然流进你的内心，涌入你的作品。所以，请养成习惯，积极引入外部灵感，这能让你和你的团队充满力量，取得更多的创意成果。

在创意领域持续成功的秘诀绝不是听天由命，等待灵感在不经意间降临。你必须走出去，主动找寻灵感。也许有些人生来就有探寻者的心态，但除此之外的人也能学会充满好奇。好奇就像肌肉，需要加以训练。耐克深知这一点，所以能不断激发团队的想象力，打造出对创意充满好奇的文化。

设计营（和"大脚怪猎手"）就是为了帮我们培养好奇的"肌肉"。多年来还有许多其他的例子，教会了我和其他人如何在团队中培养化学反应，激励冒险，汲取灵感。接下来的例子只是简单展示我们如何将团队建设活动与寻找灵感结合起来。

硬纸板椅子

在某个令人难忘的"设计日"里，我们被分成了几个小组，每组分到了几大块硬纸板。我们的任务很简单：拿硬纸板做一把椅子，要能支撑一个人的体重。椅子造型也会纳入评分——你的设计有多炫酷？多创新？光看这场"伟大的硬纸板椅子大赛"的评委，就知道这场比赛不是开玩笑的。评委包括威尔士设计师罗斯·洛夫格罗夫（Ross Lovegrove）和已故美国工业设计师尼尔斯·迪夫里恩特（Niels Diffrient），两人都是椅子设计界的巨匠。

跟耐克所有的团队建设活动一样，硬纸板椅子大赛也内藏玄机：规定时间结束后，我们要拿自己的作品玩"听音乐，抢椅子"游戏。换句话说，最后肯定会有人一屁股坐到地板上。就这样，我们开始埋头创作。我们这群对色轮[1]或鞋履了如指掌的设计师，对椅子设计的艺术和实践都知之甚少。几个小时后，每个小组都做出了自己的椅子——尽管有些椅子似乎打个喷嚏就能掀翻，但令人惊讶的是，有些椅子似乎马上就能投入量产，有几把椅子甚至能媲美经典设计作品。这充分展示了压力之下的急中生智，因为这类练习总是有时间限制，防止过度规划，鼓励快速构思。

畅饮一番过后，比赛重新开始。随着音乐响起、停止、再响起，一把接一把椅子被别组成员的体重压垮。大家都抱怨起了各组的体重差异。这种抱怨合情合理。如果这是一场正式比赛，我认为相关规则可以定得更严谨一些。总之，比赛继续进行，直到只剩一把椅子，冠军诞生了！不，我所在的小组没能夺冠。

当然，问题是"为什么"。为什么对一群平面设计师和产品设计师来说，这种练习很有意义？原因有两个。其一，椅子跟鞋子一样，造型必须服从功能。椅子和鞋子都必须能支撑体重，同时又能灵活变通，以便适应不同体形和脚形。如果过于偏重功能，就会做出一把丑陋的椅子；如果过于偏重造型，就会做出一把看起来很棒，但坐起来不舒服的椅子。鞋子也是如此。其二，比赛能拓展我们的想象力，让左右脑都得到锻炼。况且，将技术应用在不是鞋履或服饰的产品上，也向我们的技能发起了挑战。没错，有些椅子一阵风就能吹翻，但实践本身是有意义的，能够锻炼你的创意肌肉，并将其运用到截然不同的事物上。

1.色轮（color wheel）：由基本颜色构成的圆环，是设计师常用的色彩搭配工具。

利用手头资源

遵循同样的思路,我们的团建活动常常包含各类冒险。在冒险过程中,比赛或游戏不如团队合作重要。例如,我们会前往各大城市玩"寻宝",寻找只有当地人知道的隐秘地点,有时候就连当地人都没听说过。有一次,我们的任务是写一本儿童读物并配上插图。我们对儿童读物了解多少?并不多。不过,我们可以在圣地亚哥动物园的犀牛和斑马身边吃晚饭,借此寻找灵感。下一个挑战是设计一座城市。事实证明,那是终极版的团队运动,因为城市规划需要进行最大限度的合作。还有一次,我们要编写剧本并执导以赌城拉斯维加斯为主题的广告片,这不可避免地引发了一些不能细说的活动。上述所有练习的与众不同之处在于:时间极短。不是几周或几个月,而是几小时,最多几天。快速构思过程迫使人人都全情投入,发挥聪明才智。我们必须充分利用手头已有的资源,而不是抱怨没有得到足够多的资源。

随着本书的推进,有些读者可能会想,自己所在的小组织只有十几名员工,怎么能跟我在耐克参加的团建活动媲美?我很在意这个问题,这就是为什么我在第一章就提到了这些团队建设练习。庞大的预算、最新的技术、多部门为同一营销战役群策群力,这些都对创意之旅很有好处,但并非必需。这一点不是我在离开耐克后才学到的,而是在耐克工作时学到的,是通过上述看起来相当荒唐的练习,通过用硬纸板设计椅子或编写儿童读物学到的。这些练习的另一个关键之处在于,我们总是以小团队的形式工作,每个成员需要同时扮演好几个角色。练习中不会出现"呃,这不关我的事"的抱怨——那样的抱怨有时候会扼杀合作。它是我们每个人的事。它不但增强了小团队成员之间的化学反应，还提醒我们，哪怕是个小团队，只要专注于同一项任务，也能取得显著成果。

这也是为什么你绝不能低估灵感的力量，也绝不能低估好奇的力量。正是好奇促使我们前往不同寻常之处寻找灵感。

日本匠人精神

2015 年，我成为耐克全球品牌创意副总裁，有机会亲自设计各种团队建设和寻找灵感的活动后，就带领团队去了日本。多年来，我渐渐爱上了那个国家和那里的文化。在日本，手工艺备受推崇。我带领的团队中有各类领导者，他们负责在世界各地讲述耐克品牌的故事，提供相关的消费者体验。世界上很少有地方像 10 月的京都那么美，每年这个时候的庭园胜景简直难以用言语形容。

我安排了四项体验，每一项都有特定的主题和期望的结果。第一项体验是带领团队参观日本最古老的铸刀世家。刀匠吉原义人（Yoshindo Yoshihara）代表了铸刀工艺的最高水准。每把刀都是独特的作品，没有两把是一模一样的。我们还目睹了吉原团队成员之间不同凡响的创意合作，每个人都有明确的职责，却能天衣无缝地配合，确保每把刀都符合高标准。接下来，我们来到了世界上最古老的茶屋，创建于 1160 年的通圆茶屋（Tsuen Tea）。正如日本文化体现的那样，艺术不仅仅存在于静态或动态的图像之中，也存在于仪式之中。茶道的每个动作，每个瞬间，都经过几个世纪的精心打磨，呈现出至高无上的美。这就是"设计思维"的最佳体现——关注过程中的每个瞬间，这既是一门艺术，也是

043

一门科学。接下来，我们在著名建筑师的带领下参观了日本庭园，见证了经过精心设计与安排，大自然也有激发情感并讲述故事的能力。至于最后一项体验，我邀请了热门畅销书《怦然心动的人生整理魔法》(*The Life-Changing Magic of Tidying Up*) 的作者近藤麻理惠（Marie Kondo）为我们做演讲。像我们这样的团队经常需要想方设法简化讯息，打磨出最深刻、最有力的洞见。麻理惠清晰明了的解释，以及清除不必要杂物的诀窍"它能不能让你怦然心动？"，对我们来说可谓意义非凡。

广告狂人

有一次，我们邀请美国经典电影有线电视台（AMC）著名剧集《广告狂人》(*Mad Men*) 的创作者马修·韦纳（Matthew Weiner）前来谈论"构建世界"的艺术。我们常常希望在耐克的零售空间里创造出令人沉浸的世界。韦纳谈到虚构环境中的真实细节对演员和叙事极为重要。他说："每一件物品都是讲故事的机会。"有一点让我大为震撼，那就是，就连剧中主角唐·德雷珀（Don Draper）办公室中紧闭的抽屉里，也装满了那个时代真实的复古物品：钢笔、纸和文件夹。观众不会看见那些惊人的细节，但这并不重要，重要的是演员能看见。通过目睹、触摸、感知那些物品，他们会被带回那个特定年代。这有助于他们沉浸在那个世界里，沉浸在自己扮演的角色中。

谈到实现这些效果的过程时，韦纳提出了两个深刻的观点。一是"预算越少，创意越多"。与AMC电视台的另一大收入来源，恐怖剧集《行尸走肉》(*The Walking Dead*) 比起来，《广告狂人》的制作预算要少得多。这种预算紧缩并不是坏事，它逼得创作团队不得不充分利用真实地点和环境构建世界，挤出每一滴创作能量，最大限度地提升可信度。当然，对团队来说，这个过程并不轻松。韦纳说："我们疲于奔命，但创意爆棚。"当结果符合设想的时候，人们就会接受一点：有时为了取得艺术成就，疲惫是必须付出的代价。制作过程中的每个细节，无论多么微不足道或难以察觉，都能增加故事的深度。

实地体验

我们的营销团队在芝加哥办过一次团建活动，议程中有一项是"军人球场体验"，我对此很感兴趣。我是明尼苏达维京人队的球迷，对我来说，那座球场绝对是敌人的领地。我们乘车前往军人球场，被领进了球员更衣室。随后，组织者给了我们一个惊喜：每个人都有自己的储物柜，里面摆着护具、头盔和背后印有各人名字的芝加哥熊队球衣。穿戴齐整后，就该上场了。

走进球场，我们被宏伟的体育场和厚重的历史团团包围。芝加哥熊队的教练领我们在二十七摄氏度的温度下进行了一系列训练。你大概以为他们会放我们一马，只可惜他们毫无怜悯之心。训练结束后，我们举行了一场射门比赛。值得庆幸的是，我充分发挥了所剩无几的橄榄球技能，踢出的一个球从门柱间穿过。

有一回，我们在法国香槟地区上射箭课，教官是古代弓箭手的后代。还有一回，我们在布宜诺斯艾利斯与一支阿根廷丙级足球队踢了场比赛。但是，无论是在军人球场、法国还是阿根廷，这些时刻都是为了教会我们作为团队需要共同成长，分享独特体验。它们逼我们走出舒适区，拓宽视野，与经常做那些事的人换位思考，培养营销工作所需的共情。

共享美食

我们更常进行的团建活动是共享美食。当然，除了与你的团队共度时光，共享美食还有更深远的意义。这就是为什么我们经常安排在能参观厨房的餐厅用餐。正如许多人认为的那样，烹饪本身就是一门艺术，优秀大厨能用美食带领食客踏上一趟旅行。换句话说，他们会讲述故事，就像我们开展的品牌营销战役一样。了解其他创意人士如何利用手艺塑造自己的故事，展示自己的见解，对我们来说是极为宝贵的经历。我们会从那些大厨身上汲取灵感，不仅仅是他们为我们制作的美食，还包括他们如何呈现美食。菜肴端上桌时，他们是如何做介绍的？哪些成分最吸引眼球？正如运动员和产品是耐克讲故事的手段，那些美食专家则运用菜肴来打造引人入胜的时刻。

借助这些方法和时刻，我们这个团队能跳出自己的小圈子，探索周遭世界，持续挖掘灵感，学习其他专业人士的做事方法。有时候，我们找到的灵感为讲故事提供了参考；有时候，我们的团队关系变得更加紧密。无论结果如何，如果我们只待在虚拟或实体的办公室里，都不可能激发工作所需的化学反应，也不可能获得所需的灵感。创意"梦之队"只有经受考验、共同探索、大白天走到户外、作为团队分享经历，才能真正像篮球"梦之队"一样发挥作用。只有这样，你才能把学到的东西带进工作中。

引入外界灵感

美国国家航空航天局设计的宇航员头盔与耐克气垫技术有什么共同之处？这么说吧，如果没有美国国家航空航天局设计的头盔，耐克气垫技术就不可能诞生。虽然这事发生在我进入耐克之前，但故事简单来说是这样的：美国国家航空航天局的一位前工程师向耐克推介了一项称为"吹塑橡胶"的技术，此前该技术一直被用于制造宇航员头盔。那位工程师提出，可以利用那项技术制造填充空气的空心鞋底，进而提高运动鞋的减震性能。耐克很喜欢这个点子，根据他的想法打造出了第一款耐克气垫鞋底。

如果你观察耐克历史上许多标志性的运动鞋，就能看到相当直接的灵感来源。此外，汽车设计中符合空气动力学的流线，一直是运动鞋的灵感来源。为了强调这一点，我们邀请了当时担任福特汽车公司设计主管的杰伊·梅斯（Jay Mays）前来做演讲。梅斯在汽车界崭露头角是因为重新设计大众甲壳虫——从车名就能看出它的灵感来源。梅斯进入福特公司时肩负重任，要扭转品牌影响力几十年来持续下滑的趋势。他确立了一套称为"复古未来主义"（Retro Futurism）的设计理念，简单来说，就是借助往昔的设计线索想象未来。新款大众甲壳虫回归了原初的设计，而梅斯也着眼于过去，重新设计了 2002 年款福特雷鸟（它在很大程度上借鉴了 1955 年款车型），还重新设计了标志性的福特野马。2005 年款野马车型看起来更像电影《警网铁金刚》（*Bullitt*）中史蒂夫·麦奎因（Steve McQueen）驾驶的 1967 年经典款，而不是最近的几版改款。梅斯在演讲中谈到了设计激发情感，创造自带故事的汽车，以及实现梦想的承诺。我们对此颇有共鸣，因为汽车设计一直是耐克运动鞋的灵感来源，两者关注的重点都是速度、符合空气动力学的造型与优雅的形态。

不过，产品设计最大的灵感来源或许是大自然本身，也就是所谓仿生学——从大自然中汲取灵感，为人类设计解决方案。有些时候，我们需要从植物、动物，甚至昆虫身上寻找设计线索；有些时候，则是直接从人体和周围景观中汲取灵感，例如耐克 Air Rift 分趾跑鞋。分趾裂缝是根据肯尼亚赤脚跑步者的意见设计的，他们是迄今为止世界上最优秀的长跑选手。Rift 的名字和分趾设计都来自非洲肯尼亚的大裂谷，是为了让大脚趾和二脚趾之间更好地透气，使跑步时的动作更顺应自然。

我们还从其他艺术形式中汲取灵感，例如日本的折纸。耐克 City Knife 2 跑鞋呈三角造型，就是为了让人联想到日本艺术家的折纸作品。更重要的是，鞋子本身在不穿的时候可以折叠成平面。

这些产品都是在你跳出自己的小圈子后才可能得出的结果。你必须从自己有限的视野范围外汲取灵感，并将那些灵感应用到工作中。不过，"引入外界灵感"的过程并不像将折纸或将汽车轮廓纳入运动鞋那么简单，你必须经过深思熟虑，同时意识到自己带回的大部分灵感都不会开花结果。在很多情况下，在尘封创意文件夹多年之后，灵感可能会去往你从未想象过的地方。

下面是一些实例和点子，有助于读者将外界灵感带回自己的工作中。

视觉日记

据我所知，我的 iCloud（苹果公司提供的云端服务）云端图库里存了七万九千张照片。好吧，我知道，我是有点儿强迫症。不过，其中有五千多张屏幕截图。

它们是我手机和电脑画面的定格，全是我觉得有保留价值的东西。其中大多数可能永远都派不上用场，但有些确实激发了我的想象，引出了创意。如今的科技比以往任何时候都发达，你可以轻松用手机摄像头留下视觉日记，只需一瞬间就能捕捉到周遭世界的精华，或者留住你在互联网上浏览到的东西。科技手段就摆在那里，为什么不充分利用起来呢？你的视觉日记，无论是实体的还是数字化的，无论是混乱不堪还是井然有序，只要便于你汲取灵感就行。我本人有点儿强迫症，所以分了许多文件夹，分别是自然、建筑、品牌建设与平面设计、给人启迪的名言、产品设计、新技术。

布置作业

你能去哪些地方？能看见什么？能见到哪些人？这些都是你在开始工作或个人旅行之前要问的问题。请把问题写下来，然后制订计划。刚开始，你可能会觉得它是家庭作业，但随着时间的推移，它会变成你的第二天性。每次我去某座城市旅行，无论是去日本东京还是美国港口城市塔科马，都会制订拓展思维、汲取灵感的计划——前提是我有空闲时间去做那些事。就连全家出门度假的时候，我也会特意找一处有历史意义的现代建筑，拽着家人前往参观。当然，他们是看在我的面子上才去的，但我觉得他们也很欣赏那些创新突破，以及建筑背后富于远见的建筑师。

灵感

分享财富

每当我的团队成员出差回来，都会分享他们看到了什么，跟哪些人有过互动，以及他们在途中的经历。我称这些分享会为"引入外界灵感"，将它们视为整个团队聚在一起的机会，通过分享别人的旅行获取创意能量（或许还有灵感）。虽然我们没有跟那个人一起去旅行，但他做的演示是一种知识转移，能不断满足我们的好奇心，拓宽我们的视野。如果有人去参加了 TED[1] 大会，我们就会得到五场最热门演讲的下载资源。如果有人去了在拉斯维加斯举办的消费类电子产品展览会，我们就会得知哪些领域有了技术突破。人不可能无处不在，但通过你的团队，你能体验到很多东西。

科比的好奇心

这些年来，我跟许多人共事过。如果说其中有一个人体现了不断寻找灵感、喜爱探索、充满好奇的精神，热衷于跟别人分享自己学到或发现的东西，那就不得不提到科比。

科比是职业篮球运动员中出了名的"好奇宝宝"。在回顾自己年轻时怎么敢向"飞人"乔丹开口请教时，科比说："如果你不问，就学不到

---

1. TED：TED 为技术（technology）、娱乐（entertainment）、设计（design）三个单词的首字母缩写，是美国一家私有非营利机构，以组织的 TED 大会著称。大会宗旨是"传播一切值得传播的创意"，每年春季在美国会集众多科学家、设计师、文学家、音乐家等，在会上分享关于科技、社会、人文的思考和探索。

东西。"除此之外，还有一个故事，涉及篮球名人堂成员、休斯敦火箭队中锋哈基姆·奥拉朱旺（Hakeem Olajuwon）。众所周知，奥拉朱旺与现役球员携手合作，手把手帮他们提高技能。在奥拉朱旺职业生涯晚期，科比花了一整天时间跟随奥拉朱旺，学习他的招牌动作——低位背身单打步法。2016年的一场比赛后，科比被人拍到跟观赛的奥拉朱旺握手。在赛后新闻发布会上被问及此事时，科比说："我是看着哈基姆打球长大的。后来，我来到了这里，他是那么慷慨大度，我能花一整天时间跟他在屋里练习步法，研究低位背身单打技术的每个细节……我只想感谢他。"而当被问及谁是奥拉朱旺最得意的弟子时，他表示："我跟很多球员合作过，但科比绝对是最棒的。"

不论年纪，不论成就，学无止境。

至于我自己与科比的"好奇"时刻，是在我们的年度商业与品牌会议上。当时，科比不停地谈论他遇到的某个新玩意儿。他对那件创新之物的热情显而易见，但就是不肯告诉我们是什么。他让我们等了好久，最后才邀请那件"特别之物"背后的创新者进屋，请他帮忙给大家做演示。让科比如此激动的东西叫作"增强现实"（augmented reality，简称AR），是一种互动体验，在通过智能手机等设备扫描现实世界中的物体时，能显示出相关的有用信息和图像。如今，AR技术早已遍地开花，主要应用在手机上，耐克也早已将这项技术用作营销工具。但在当时，大多数营销人士都不知道AR是什么，也不知道怎么运用到自己的工作中。

但就在那次会议上，蝉联五届NBA冠军的科比给我们上了一课，告诉我们这项新技术能提升消费者体验，为其增加令人兴奋的新维度。为了演示AR技术，他甚至举起手机扫描了自己的鞋，开启了一个充满

灵感

信息和画面的新世界。那并不在我们当天的会议议程上，也不是科比与耐克合作的一部分。那只是科比，一个充满好奇、痴迷探索的男人，他成了所有与他共事之人的灵感（与惊叹）源泉。

亲身尝试

凡事要以身作则。实践才有发言权。没错，我就是这么做的。在职业生涯中，我有幸能推动品牌的营销创新。从最初在形象设计团队的时候，自由提出天马行空的创意，到成为耐克首席营销官，全力将品牌故事与消费者体验推向未来，可以说，创新是我的激情所在。我喜欢与团队并肩而立，望向地平线，发问："假如……"

但在担任全球品牌创新负责人期间，我亲身体验了充满好奇的生活方式，那种生活方式引出了许多推动创新的宝贵洞见。我说的是"亲身体验"。具体是怎么做的呢？呃，我不得不做自己的测试对象，有时候也许还做得太过火了。我一直相当痴迷试图使人变得更健康的创新产品。我拿自己做实验，目标是找到那些产品与体育运动的交集——它们是如何赋予运动员力量的？它们是减少了运动员与运动之间的障碍，还是增加了障碍？我统统想要弄明白。巅峰时期，我每天都使用四款创新产品，直到摔了个"狗吃屎"。具体请听我慢慢道来。

事情的起因很简单。若干年前，Whoop Strap 健身手环闪亮问世，作为一款功能强大的心率监测器广受消费者好评。我决定试戴一下最初的版本，发现它能监测运动、睡眠和恢复状况，呈现的数据多到超出想象。就是这么简单。更重要的是，它改变了我的行为。为了提升分数和

第二章 创意乃团队运动

整体健康状况，我改变了日常习惯。我彻底被它迷住了。

我决定再接再厉。在努力锻炼身体的同时，为什么不锻炼一下头脑呢？我听说过 Neuropeak Pro 可穿戴胸带，一款通过思维训练提升大脑功能和竞技表现的产品。它主要面向运动员销售，帮助他们在巨大压力下集中注意力。我决定邀请该品牌的创始人蒂姆·罗耶博士（Dr. Tim Royer）到我们的年度品牌创新营做演讲。演讲那天清晨，他早早就过来了，当时大家还在喝咖啡、吃东西。蒂姆跟屋里每个人都见了面，而他们中的大多数都忙着吃早餐，或者揉眼睛拭去睡意。到了做演讲的时候，蒂姆一开场就说出了屋里每个人的名字。足足二十个人呢！我心想：这到底是哪门子的巫术？对像我这样记不住名字的人来说，那可谓是不可思议的壮举。其他观众也都惊呆了。那大概是蒂姆能打的最棒的广告，促使我亲自试用了 Neuropeak Pro。

于是，我开始了锻炼计划，每周几次戴上附有传感器的未来派眼罩，然后用手机玩游戏。那些游戏旨在训练头脑在紧张形势下保持专注。那套设备会给你打分，然后给出基准分数，你可以尝试通过更多的训练提升分数。现在，头脑和身体都锻炼起来了，接下来该做什么呢？

接着，我用起了 Plume Labs 公司推出的 Flow。那是一款绑在背包或手提包上的设备，能与你的手机连接，监测周围的空气质量。它能帮助用户做出行计划，无论是步行、骑自行车还是开车，选择空气污染最轻的那条路，这对肺部健康有好处。Flow 让我真正看到了空气在城市里"流动"的方式，我发现它们往往在特定地点汇聚。从此，我开始关注自己的出行路线，避开空气不流通的污染地带。

最后，我还用起了 Skydio 无人机。那是一款能自行飞行的无人机，还能拍摄自己飞过的路线。Skydio 无人机与用户的手机同步，手机将成

灵感

为无人机的归航信标。你走到哪里，无人机就飞到哪里，一路跟拍。你可以把它想象成在天上飞的头戴跟拍相机 GoPro。最初，我用无人机跟拍我跑步，并很快发现，我跑得越快，拍摄效果越好。不过，我年纪太大，实在是跑不快了。后来，我开始用无人机跟拍我骑山地车。一次骑行过程中，我分了心，回头去看无人机而不是盯着前方道路，结果山地车前轮撞上了障碍物，害我摔了个"狗吃屎"，扭伤了肩膀。没错，这一切都被无人机拍了下来。没错，我把它发上了照片墙（Instagram[1]）。一切到此为止。虽然我在使用 Skydio 的时候犯了错，但我意识到了该产品用于拍摄运动视频的巨大潜力。无论是对跑步、骑车还是滑雪的运动员来说，这种拍摄方式都是前所未有的。

我跟你分享这些经验，是想说明激情与好奇在创新过程中的作用。"亲身尝试"就意味着自己试用新产品，接受新体验，弄清那些创新跟你和团队正在做的事有没有交集。有时候有，有时候没有。但除非亲身实践，亲自尝试，否则你永远都不会知道。在我看来，只有通过亲自体验这些创新的产品，才能体会到它们对消费者的价值，弄清它们如何促使人们改善生活。我看待产品与品牌营销的核心理念，始终是将产品定位为增强能力的工具，而不是拥有最新科技的小玩意儿。我分享这些产品，也是因为它们是用艺术与科学的方法创造出来的，是由数字化平台驱动的现实体验。要使用它们，你首先就必须体验生活。未来将是充满人情味的世界，只是恰好得到了由个人数据驱动的科技产品协助。

1.Instagram：一款免费供用户分享图片及短视频的社交应用软件。

视野优势

在耐克总部给我们做演讲的时候，老 K 教练强调了两点：首先，品牌营销人员能看见其他人看不见的东西；其次，这种视野优势是我们与竞争对手的区别所在。老 K 教练的话使我备受启迪。我开始相信，作为品牌领导者，我们之所以能看见别人看不见的东西，是因为我们重视共情与好奇这两大特质。共情使我们能从别人的角度看世界，跳出自身经验的局限，与别人换位思考。这能让我们获得可能会忽略的洞见，这些洞见正是制定解决方案的动力。

然而，只靠共情还不足以维持视野优势。我们必须不断寻找机会，去见识前所未见的事物。这就是好奇的意义：跳出自身狭隘的视野，不是想象自己视野之外的东西，而是积极探寻那些东西。我们必须将自己置于全新环境，有时甚至是感到不适的环境中，借此拓展自己的知识面，去从未想过的地方寻找灵感。我和团队参加的活动可谓五花八门，它们与我们的实际工作同样重要。我不是让你也邀请"大脚怪猎手"给团队做演讲，而是说你也该寻找同样古怪狂野的时刻，激发你所在团队的好奇心。

我们身边随处可见艺术和故事，它们是我们在世上生存的命脉。它们存在于世界上每个角落，只要我们有足够的好奇心去探寻。或许，一旦找到它们，我们也能借此激发自己的故事讲述与艺术创作。

"创意乃团队运动"基本原则

1. 打造创意"梦之队"

接纳热爱畅想的人。让安静的人发声。多元化就像氧气，能为追寻创意之旅注入活力。

2. 自己亲身尝试

自满乃是创意之敌。不要坐等灵感来找你。请制订计划，出去寻找灵感吧。你能去哪里？你能看到什么？你能遇到谁？引入外界灵感，激发自己的想象力。

3. 看见别人看见的，寻找别人看不见的

共情是让品牌从优秀走向卓越的关键。利用你广阔的视野，对超出自身经验的人与事增进了解。有了这种"视野优势"，你才能超越眼前所见，形成更深刻的洞见。

4. 灵活变通，发掘机会

在创意之旅中，你不可能安排好每一次突破。僵化不变只会扼杀创造力。请改变团队架构，让每个成员都有表达的机会。

5. 人才很重要，化学反应更关键

不断传球。打造左右脑型人才彼此促进的文化。推动思维、技能与梦想的创意合作。

第三章　**不求稳妥，
积极进取**

将大胆畅想变成日常习惯。

灵感

画面暂停在瑞典足球运动员兹拉坦·伊布拉希莫维奇（Zlatan Ibrahimović，昵称"伊布"）"倒挂金钩"射门的那一刻。一位西装笔挺（但内搭高领毛衣）的男士走上台，指着伊布定格在半空中的影像，用高高在上的语气说道："射偏的概率高达百分之七十六。太鲁莽了。"台下看不见的观众哈哈大笑。

那位男士接着往下说，就像在 TED 大会上做演讲一样。他身后的大屏幕上浮现出了世界上最伟大的足球运动员，包括 C 罗（Cristiano Ronaldo）、伊布和韦恩·鲁尼（Wayne Rooney）："哪怕是当代最伟大的球星也会犯错。他们踢得太冒险了！毕竟，他们只是……凡人。"他暂停片刻，让"凡人"这个词悬在空中，让观众体会这种生物的脆弱之处和失败的可能。"但假如他们不是呢？"

这是耐克 2014 年推出的史诗级动画片《终极对决》（*The Last Game*）的开场。这部影片由耐克与韦柯广告和 Passion Pictures 电影制作团队携手打造，足足花了一年多时间才制作完成。《终极对决》不仅是耐克有史以来最长的品牌宣传片，也是史上最长的广告片，时长足有五分钟。

影片讲述的故事是，世界上最伟大的足球运动员从大反派（科学家及其打造的克隆球星）手中拯救足球运动。科学家大声宣称："足球的未来！决策毫无瑕疵，结果万无一失。这才是大家梦寐以求的。"克隆球星被预先设定为从不冒险，残酷无情且高效。起初，克隆球星大获全胜。

随着影片的推进，场景快速切换，克隆球星挤走了一支又一支球队中的人类，直到看台上最后一名球迷站起身，满脸厌恶地离席而去。随后，科学家接受了一名电视台记者的采访，提到自己的下一步计划是进军篮球界，就像他对足球做的那样，还展示了克隆的"完美版勒布朗"。记者问起原版球星们现在怎么样了，科学家回答说："谁在乎啊？"

接着，我们看到绰号"外星人"的巴西传奇球员罗纳尔多召集起"原版"球星，将C罗、鲁尼和伊布等人从日常工作中拽走，让他们去"拯救足球"。

"记住你们因什么而伟大，"罗纳尔多对他们说，"你们从不怕冒险！你们把踢球当成游戏，他们则把踢球当成工作。你们要搏上一切……才能赢回一切！不敢冒险才最危险。"

伴随激昂的音乐，"原版"球星向克隆球星发起挑战：来一场"一球定胜负"的生死决战。比赛当天，体育场里再次座无虚席，就连正在太空行走的宇航员也拿起平板电脑观赛。终极对决拉开了帷幕……

敢于冒险的文化

为了配合2014年世界杯，耐克推出了"搏上一切"（Risk Everything）营销战役，《终极对决》是三部宣传片中的第三部。这对耐克来说是个关键时刻，也是成为足球界第一品牌的机会。此时此刻，时机已经成熟，我们必须全力以赴，抢占先机。为了实现"抢占足球品牌主导地位"的目标，我们需要的不仅仅是一场全球性的营销战役，还是一次全球性的娱乐体验，通过世界杯改变消费者与耐克的互动方式。这是一项雄心勃勃的计划，但我们知道其中的利害关系。耐克必须亲身实践"搏上一切"。

不过，这对耐克来说并非全新的领域。我有幸为之工作的这个品牌理解并培养冒险精神。尤其是随着耐克的发展与向新市场扩张（如国际足球领域），敢于冒险的品牌文化也随之成长。从企业创立伊始，冒险精神就是耐克品牌的有机组成部分，这种精神的延续大概是耐克最了不起的地方。许多著名品牌在初创时期可能敢大胆冒险、富于试验精神，可一旦达到某种巅峰状态，策略就会从进攻转向防守。品牌在某个特定市场或多或少占据主导地位后，就会心生恐惧，关注焦点从"取得新成就"转向"维护既有地位"。冒险突然变得有点儿太冒险了。

品牌无论新旧，面临的挑战都是如何打造创意冒险文化，然后保护它不受外界力量冲击。在一个组织中，总会有一些人充当理性的声音，告诫热爱畅想的人别太天马行空。有这些理性的声音是好事。我并不是说，为了保持创意进攻策略，品牌必须把谨慎抛在脑后。不过，品牌完全可以在维持宗旨的同时，鼓励热爱畅想的人创造出接触消费者的新方式。创意冒险文化说到底就是提供激励。组织是否积极奖励大胆的创意？领导团队会不会抽出时间听取这些创意？如果某个非常规的创意没有被接纳，创意者会不会受到鼓励再度尝试？简而言之，品牌如何应对新创意并将其纳入业务流程，体现了它是否鼓励冒险。

我还想澄清一下我所说的"冒险"或"积极进取"。很多时候，人们会用这类说法模糊指代某种程度的颠覆。无论是产品创新还是市场营销创新，你要实现的目标都能用"颠覆"来概括。这么说当然没有错，但我们可以做得更好。简单来说，在市场营销中，冒险是为了创造接触消费者的新方式。你试图从前所未有的层面接触消费者，而一旦做到这一点，就能彻底改变游戏规则（而且往往能开辟全新的营收途径）。有些人称之为颠覆，我则称之为创新。

我的工作有幸成为耐克品牌文化的一部分，耐克的企业文化在各个层面上都鼓励冒险——从科技水平极低、非数字化的创新开始，到掀起数字化革命。我有幸在变革时刻任职于耐克，制作了动作捕捉动画，推出了几款应用程序，并通过社交媒体拉近了消费者与品牌的关系。但是，无论耐克采用什么样的技术，创意之旅的每一步都始于一支小团队成员间的对话。这支团队由创意人员组成，他们能够自由畅想并提出问题："假如……"

保持机动灵活

我的创意合作伙伴杰森·科恩（Jason Cohn）并不是太期待这趟驾车之旅。他不得不开着一辆老掉牙的1981年款福特面包车，从俄勒冈州的比弗顿市前往佛罗里达州的萨拉索塔市，好赶上芝加哥白袜队的春季训练。当时是20世纪90年代中期，白袜队的名单上多了一位新球员——迈克尔·乔丹。对棒球运动来说，那是个激动人心的时代，而耐克绝不会缺席。不过，对杰森来说，那趟长达六十小时的车程并不怎么激动人心。他不得不驾车从美国西海岸开到东海岸，跟一名同事挤在一辆绰号"臭臭"的面包车里，因为那辆车以前是运垃圾的。车里没有空调，只有一台时好时坏的卡带式调频收音机，还有弥漫全车的有害气体。通常，当人们想起耐克的事件营销时，绝对不会联想到"臭臭"这种车。不过，杰森最终把车开到了球场，一推开车门，就跟蜂拥而至的球迷打成了一片。球迷前所未有地多，主要是奔着乔丹来的。

在近二十年后回顾那趟旅行时，杰森告诉我："我们在三十天里卖出了价值数千美元的产品。这也意味着，我们创造了成千上万个与当地人直接互动的瞬间。这种市场营销对品牌来说是无价之宝。我们甚至登上了《体育画报》（Sports Illustrated）！"

"臭臭"是耐克"体育界突击队"（Sports World Attack Team，简称SWAT，也是"特种部队"的缩写）的旗舰车，那次旅行是耐克在20世纪90年代初启动的事件营销的一部分。我和杰森都隶属为1994年世界杯提出这一创意的团队。当年，世界上最受欢迎的体育赛事将首次在美国本土九座城市举行。再往前倒推几年，我曾自愿（或者说被选中）领导当时并不引人注目的耐克足球形象设计团队。耐克当时还没有彻底投身国际足球市场，这一点相当明显，因为在1994年世界杯期间，我们只拿到了一万美元预算。哪怕是按照1994年的标准，这笔钱也少得可怜。我和杰森都在想，以这么捉襟见肘的预算，怎么可能搞整整一个月的活动，让全国各地的消费者都参与进来？但事实证明，资源匮乏正是我们所需的创意动力。

我们给出的答案是一辆面包车，类似爸妈借给我开去耐克实习的那辆。我们没有买二手车，因为部门负责人说，公司有一辆运货用的老福特，一直趴在停车场里积灰。就这样，"臭臭"加入了我们的团队。我们要做的第一件事就是给它升级。我们把车身刷成黑色，在两侧喷涂上全新的耐克足球标志，又在引擎盖上加装了一枚定制的镀铬"对勾"标志，还对车内进行了改装。只要打开车门，面包车就会化身为产品展示柜，背景是一条条横幅，上面印着耐克赞助的运动员。由于光是改造"臭臭"就花光了一万美元预算，我们没有多余的钱雇人开车。杰森抽到了下下签，在那个炎热夏日开车跑遍了全国。虽然我们不是那些赛事的正式赞助商，但还是驾车奔赴各大体育场，为耐克的足球品牌做宣传，起码混个脸熟。尽管官方赞助商在指示牌、赛场装饰、广告牌、餐饮等方面的花费远远超过一万美元，但我们才是在现场跟球迷面对面交流的人。整个前提是不打大型营销战役，而为普通民众服务。

我们想拉近与消费者的距离，除去将品牌与受众人群隔开的大屏幕。那就像在播放广告的同时收集重要的消费者反馈（与洞见）。但关键在于，消费者并不觉得自己在看广告，也不觉得自己在参与某个无聊的焦点小组调研。

随着"臭臭的伟大之旅"不断推进，我们很快意识到，只要保持机动灵活，前往能量汇聚的地方，我们的品牌就能无处不在。于是，我们突破世界杯的范畴，纳入了其他体育运动，如棒球和篮球。我们在多个社区开展工作，拜访当地的零售店，参加当地的体育赛事。每天的活动可能都不一样……第一天，我们可能会拜访当地的男孩女孩俱乐部；第二天，我们可能会送耐克赞助的运动员前往诊所；第三天，我们可能会在当地的公园打篮球，只要你能打败我们，就能赢得一双耐克篮球鞋！

我和杰森每周都会在波特兰的一家咖啡厅聚餐，集思广益。我们的惯例是先吃甜点，然后做该做的事，再进入真正的晚餐。我们一边吃圣代，一边在餐巾纸上草草写下点子，然后传过来传过去。不管头脑风暴的结果是什么，每次都始于一个简单的问题："假如……"

我们就是以这样充满创意的方式，将最终正式命名为"体育界突击队"的项目玩得风生水起。作为创意人士，那是一段奇妙的时光。捉襟见肘的预算逼着我们接受了最离谱的创意。幸运的是，几乎在每个创意

"十字路口",公司都为我们开了绿灯。

在我们开车去参加的一些赛事中,现场消费者还以为耐克是官方赞助商,只因为我们才是跟他们面对面交流的人。赛事的官方合作伙伴只是把自己的标志印得到处都是,从场边广告板到咖啡杯,统统不放过,我们则把时间和资源花在了直接跟人们接触上。

接下来的两年里,"体育界突击队"用车从"臭臭"拓展到了一辆大众甲壳虫(车的外观被改造成棒球形状,座位则是巨型接球手套的样子)——一辆用于户外探险运动的大众汽车,还有两辆黑色悍马。我甚至设计了一艘飞艇和一列火车,但团队决定不予采纳,因为那样就不算秘密行动了。机动灵活才是"特种部队"的真正优势,我们希望通过移动营销在体育赛事中赢得消费者的心。这不是为了创造营收,而是为了多多接触像我们一样热爱体育的人。

鉴于我们驾驶"臭臭"首次出马几乎没有预算,你可以说整件事并没有冒多大风险。如果我和杰森铩羽而归,噢,好吧,至少耐克不会损失几百万美元。不过,冒险还有另外一面,那就是允许你的团队成员去尝试,还要给他们空间和自由去即兴发挥。不是所有宣传活动都需要精心安排并做焦点小组调研,才能最大限度地传递讯息。精心设计、反复排练的节目有它的用武之地,因为你知道它能激发出特定情感。但我在耐克最美好的回忆都来自实地营销,因为能跟消费者面对面交流。塑造品牌的人和品牌想接触的人之间通常都隔着一道墙,双方几乎握不上手,因为互动是通过屏幕、广告牌或品牌代言人(如运动员)进行的。然而,我与消费者相处的时刻才是真正有人情味的时刻。我们(我和杰森,还有其他所有加入"体育界突击队"的人)代表了品牌。我们就是耐克。

"体育界突击队"项目并不是耐克的第一次草根营销,也不是唯一的一次。企业初创时期，耐克联合创始人菲尔·奈特（Phil Knight）就做过同样的事。但创造这个项目以及我参与其中的故事，仍然象征着"冒险引出营销创新"。当与我们竞争的品牌试图通过举办奢华的企业展示会超越彼此时，我们则退后一步，做了恰恰相反的事。在试图拉近与消费者距离的过程中，我们创造出了一种全新方式，充分体现了耐克的座右铭"运动员为运动员服务"。我们看到，机动灵活是满足消费者需求的关键，能够拉近我们与他们之间的距离。

设计零售革命

　　灯光渐渐转暗，人们纷纷扭头望来。零售店里的购物者看见，五层楼高的中庭天花板上降下了一幅屏幕，像电影院里的大银幕一样遮住了一整面墙。当屏幕亮起，播出耐克的品牌宣传片时，大家都停止了购物。那部影片也许说的是世界上最伟大的运动员，也许说的是我们所有人。无论如何，影片都直接与运动员对话，也就是与店里的人对话。他们为什么会在这里？是什么让他们穿过纽约第五大道上的一扇扇门？只是为了买一双漂亮的新鞋吗？不，影片提醒他们，他们之所以在这里，是因为他们是运动员。影片结束，灯光亮起，屏幕上升，购物者（运动员）都陷入了深思，现场静默了片刻。随后，大家不约而同地鼓起掌来。巨型时钟（就像赛场记分牌上的那种）开始为下一部影片倒计时。人们继续购物，但他们正在试穿的鞋子或球衣看起来截然不同了。它们不仅仅是产品，也是帮他们释放运动员潜质的工具。

　　1996年，耐克开始着手改变零售店的购物体验，我想要成为其中一员。位于第五大道附近第五十七街的纽约耐克城（Niketown NYC）是我早期的两位导师戈登·汤普森（Gordon Thompson）和约翰·霍克（John Hoke）的智慧结晶。戈登当时是耐克设计部的负责人，也是耐克在波特兰开设的第一家耐克城的策划者。约翰是他的得意门生，也是一位极具天赋的设计师，拥有活跃的想象力和出色的设计能力。他们共同为纽约旗舰店想出了"瓶中船"的创意：从外面看像一座旧体育馆，内部则是对未来体育的展望。新与旧的融合。

纽约耐克城不仅仅是一家商店，还是最出色的"零售剧院"，拥有真正史诗级的品牌体验。我的任务是设计建筑外墙和内部众多的旧体育馆主题细节。不过，我们不光要建一座看起来像旧体育馆的东西（那又没什么特别的），还想让那座体育馆鲜活起来。它应该拥有自己的历史，地板上还留着球员的鞋印。我们甚至给它起了一个20世纪30年代纽约高中的名字：P.S.6453（手机九宫格键盘上"Nike"这几个字母对应的数字）。

当然，如此创新的事物必然会带来全新的挑战。我们首先遇到的问题是，要找一家合适的设计机构，将我们的愿景变成现实。很多公司都能打造老式体育馆的外观，但我们不光想让它看起来老旧，还想让它感觉老旧。于是，我们转而求助于视觉叙事的大师——百老汇。我们聘请了一支剧院布景设计团队，协助打造具有20世纪30年代风格的体育馆，讲述新旧交融的故事。消费者走过"老旧"的砖块外墙，经过墙边的木质看台，步入体育运动的未来愿景，既能体会到鲜明的对比，又能感受到从一个时代走向另一个时代的连贯性。

不仅如此，我还想为这座体育馆创造一段厚重的历史，一个栩栩如生的背景故事，包括一支曾以这座球场为家的球队。最后，我选定了"鲍尔曼骑士队"这个队名，得名于耐克的两位联合创始人菲尔·奈特（Phil Knight，Knight 一词本义为"骑士"）和比尔·鲍尔曼（Bill Bowerman）——菲尔在俄勒冈大学时的田径教练。我花了很多时间悉心绘制骑士队的头盔，头盔上最显眼的图案是球队吉祥物。球队吉祥物画在建筑外墙上，旁边写着"荣誉""勇气""胜利"和"团队合作"等字样，那些都是体育运动蕴含的价值观。百老汇的设计团队赋予了它们必要的真实感。通过对那个时期的深入研究，各类匠人（包括画家、雕塑家和设计师）以近乎完美的逼真度重现了那个时代。例如，他们对体育馆内随处可见的皮革做了特殊处理，使它们看起来像经历了几十载风霜。我还设计了一件 20 世纪 30 年代球员会穿的骑士队纪念夹克，在店铺开业庆典上赠送给了菲尔本人。

我还负责设计店内的团队体育运动楼层，其中包括一组奖杯展示柜，柜子外侧也用作鞋款展示墙。这么一来，消费者在购物的同时，也能欣赏世界上最伟大的职业奖杯。在店铺开业的那个周末，我们把国家冰球联盟最高奖项斯坦利杯（Stanley Cup）、美国职业橄榄球大联盟总冠军奖杯文斯·隆巴迪杯（Vince Lombardi Trophy）和美国职业棒球大联盟总冠军奖杯世界大赛杯（World Series trophy）放在了同一座展示柜里，那也是这三尊奖杯有史以来第一次聚首。斯坦利杯甚至配有武装警卫，他必须确保奖杯始终处于自己视线范围内。那个周末，他一直站在展示柜旁边，以防有人心生邪念，想把奖杯据为己有。

为了让消费者的体验更上一个台阶，我将目光投向了另一类纪念品——小便士（Lil' Penny）玩偶。那是 20 世纪 90 年代中期耐克拍摄的一支广告片中，与奥兰多魔术队控球后卫、绰号"便士"的安芬尼·哈达威（Anfernee Hardaway）一起出镜的小木偶，由喜剧演员克里斯·洛克（Chris Rock）配音。通过一些内部渠道，我让小便士木偶来到了纽约耐克城，并在奖杯柜旁为它打造了一个特殊的展示空间。但是，如果少了标志性的配音，小便士就不是小便士了。于是，我还在展示柜里设计了扬声器，这样当购物者经过时，就会听见克里斯·洛克大放厥词的声音。我不确定大家会不会喜欢被训，但能亲眼看到小便士木偶口出狂言，也不失为一种享受。

最终纳入店铺设计的每一个伟大创意，背后都有三个没被采纳的点子。在创新过程中，这对我来说是非常重要的一课。如果你真的在努力追求突破，确实存在所谓"创意成功率"——有点儿像棒球比赛里的击球率。购物者能体验到全新的红外线脚形测量互动装置，会看见将运动鞋从储藏室送上五楼的透明气动管道，还能欣赏到特别展出的传奇短跑巨星迈克尔·约翰逊（Michael Johnson）摘得奥运金牌时穿的金色田径鞋。在所有这些大胆创意的背后，是成百上千没能脱颖而出的点子。如果你只愿意做确保能百分之百完成的项目，那么创意界并不适合你。你不能害怕失败，因为那不是失败，而是创新要付出的代价。在接下来的几年里，我渐渐了解到，大多数点子哪怕一时被抛弃了，也总有一天会重新浮出水面，并或多或少影响未来的创意。

纽约耐克城可以说是相当"冒险"的，因为建筑物将永久存在。不过，这次努力获得了丰厚的回报。我们的目的是营造零售体验，将店铺变成完整的体验空间，吸引消费者的各种感官并激发出多种情感。从老式体育馆的感觉，到内部的创新科技，再到五层楼高的大屏幕，整个店铺设计都是为了让消费者百感交集。就连展示产品的方式也是沉浸式体验的一部分，例如，采用气垫技术的运动鞋在"气垫"墙上展出。没有哪款产品是简简单单搁在标准货架上。我们直接从展示的产品中汲取灵感，精心打造了每一处展示空间。消费者只要从店里走过，就能知道哪位运动员穿过哪款鞋履或服装，也会知道某项科技如何使自己成为更优秀的运动员。这家店铺不是一座让消费者看故事的博物馆，而是将消费者带进故事里，给予他们工具，让他们成为故事的一部分。

通过这种创新，我们得以展示一点：零售空间也像其他媒介一样，能够鲜活生动、富于想象力地讲述品牌故事。纵观当今市场格局，实体零售店往往千篇一律，缺乏差异。如何给消费者理由，让他们走出数字化环境，走进实体店铺（在新冠肺炎疫情影响下，这么做更有必要），这无疑是个巨大的挑战。实体零售店必须有所差异，有存在的理由，有超越传统的购物体验。纽约耐克城及其在世界各地的众多门店，本身就是人们想前往参观的景点，哪怕他们离开时什么都没买。

利用手头资源

一台手持摄像机（你还记得那玩意儿吗？）正在拍摄巴塞罗那队球星罗纳尔迪尼奥（Ronaldinho）训练前的热身运动。一个手拎公文包的男人走了过来，罗纳尔迪尼奥颠着球迎上前去。公文包里有一双白金相间的新款耐克足球鞋。罗纳尔迪尼奥系好鞋带，走回球场，镜头一直跟随着他。只见他颠起球来，耍出了一连串花哨动作。伟大球星做这些动作似乎轻而易举，但那显然需要长年累月的练习。罗纳尔迪尼奥用新战靴将球踢向空中，然后朝三十码[1]外的球门横梁射去。球击中横梁，反

1.码：英美制长度单位。1码合0.9144米。

弹回来，罗纳尔迪尼奥用身体挡住球，又耍了几套把戏，然后把球踢回横梁，再次完美击中。球又弹了回来，他再次用身体挡住，又做了些花哨动作，然后颠着球回到边线。摄像机这才停止拍摄。观众过了好一会儿才意识到，除了自己刚刚目睹的惊人动作，球一直没有碰到过地面。

2005年秋天，随着全新的足球赛季启幕，耐克计划为罗纳尔迪尼奥推出一款白金相间的限量版足球鞋。市场营销工作落到了耐克当时的欧洲内容经理、驻扎荷兰的伊安·伦施（Ean Lensch）肩头。他有一个月时间构想并提交新战靴的发布创意。也就是说，他没有太多犯错的空间。

伊安的任务是找出一种"颠覆性"的方式，为罗纳尔迪尼奥的新战靴打造知名度，同时抢走耐克竞争对手的风头。请记住，那是在"颠覆"成为市场营销主流说法之前。伊安及其团队的预算没有明确定下数额，但肯定不会太多，他们必须仔细谋划才行。耐克向来以制作精良、视觉震撼、精心执导的广告片闻名于世，但这一回他们既没有足够的时间，也没有足够的资金。不过，正如我的顶头上司常说的，引用澳大利亚摇滚乐队AC/DC乐队的歌词就是："做脏事，成本就是低。"成本低是没错，但那并不是什么"脏事"。

伊安的团队憋在荷兰办公室里冥思苦想，最终想出了以"射横梁"游戏为主题的创意。这个游戏的具体玩法是：玩家轮流踢球，试着从远处射中球门横梁，第一个射中的就是赢家。这并非不可能实现的壮举，但哪怕是世界上最优秀的足球运动员，也需要试上几回才行。用"射横梁"游戏作为广告片的"惊艳时刻"当然很酷，但并没有多少突破性。那么，假如罗纳尔迪尼奥射中了两次呢？会好一些。不过，由于球需要被人送回罗纳尔迪尼奥身边，中间需要进行剪辑，可能会掐灭伊安及

第三章　不求稳妥，积极进取

其团队想激起的兴奋感。那么，假如不做剪辑呢？假如用长镜头一镜到底，球第一次击中横梁后反弹给罗纳尔迪尼奥，好让他能再踢一次呢？

这才像话嘛！不过有一个小问题，那就是团队设想的长镜头在现实生活中不可能实现。换句话说，罗纳尔迪尼奥也许在经过几次尝试后能射中横梁，但要让球弹回站在球门区外的他本人身上，几乎是不可能的。更何况，他还要再踢一次，那更是双倍的不可能。但是，每个人都喜欢这个创意，知道那个镜头看起来会棒极了……那怎么办呢？伊安做的第一件事就是找来耐克的数字营销合作伙伴 Framfab 公司。他们立刻意识到了这个创意蕴含的力量，并希望提供帮助。他们的团队找来了一位伟大的导演和一位优秀的视觉特效专家，而特效正是这个长镜头成功的关键。加入视觉特效后，整部片子看起来真像用手持摄像机拍出来的。

《射横梁》短片是内容分享与运用社交媒体的转折点。2005 年 2 月，YouTube 视频网站已经上线，但还没有成为主流视频内容平台——那是若干年以后的事了。"病毒视频"的概念还没有真正出现，至少在市场营销领域还没有。当时，大多数内容都是通过电子邮件传播的。朋友们通过电子邮件分享图片，或者转发自己觉得有趣的内容。但是，当耐克将《射横梁》上传至 YouTube 网站后，那支短片一夜爆火，成为这个年轻平台史上第一个达到一百万次播放量的品牌宣传片。没错，迟早会有人突破百万大关，但像耐克这样的成熟品牌，拥有的资源足以购买任何广告位，却在 YouTube 网站上推出一支广告片，看似"业余"的拍摄手法与通常的广告片大相径庭，恰恰证明了耐克的"冒险"文化。这支短片不仅是厂商运用 CGI（电脑三维动画）特效扭曲现实的创新，还预示了 YouTube 这个新兴内容媒介平台的巨大价值。在《射横梁》横空出世以后，营销界彻底变了天。（YouTube网站最终不再允许品牌方无偿发布广告内容。）

2008年，耐克以科比为主角的病毒视频也采取了类似的做法。短片一开始，科比似乎刚刚架起手机，想用手机摄像头拍视频，展示自己的新篮球鞋。有个朋友在他旁边，跟他有说有笑，但似乎想阻止他做接下来要做的事，观众当然不知道会发生什么（这种悬疑感也是两支短片的关键）。只见科比面朝镜头左侧摆好姿势，接着——噢！老天啊！那是一辆车吗？科比突然腾空跃起，一辆阿斯顿·马丁豪华跑车从他身下飞驰而过。两人欢呼雀跃过后，科比直视镜头说道："就该这么做！"

上述两支短片都在互联网上引起了热议，网友们纷纷讨论："这是真的吗？"如果要衡量影片在技术层面的成功（或是新颖之处），我觉得没有比这更好的评判标准了。当然，关键不在于"骗"过观众，而在于创造视觉奇观，以至于在那一瞬间，观众还以为自己看到的一幕是真的。他们会直拍脑袋，哈哈大笑，再看一遍，然后分享出去。一种全新的内容传播方式就此诞生。

《射横梁》之所以能出现，是因为伊安在资金和时间上都很拮据。说到这里，我觉得有必要提醒读者一点：资源有限的时候，我们往往最具创造力。手头只有这些，我们能做些什么？这可能会提升你的创新水平，虽然在风格上很难超过高预算的大项目，但起码能带给你冒险的动力。更重要的是，由于那两支短片都不会在传统媒体上发布，创作者可以去发掘并了解全新的发布渠道。你可以把它想象成广告界的数字草根营销：《射横梁》在大多数品牌尚未考虑过的维度（包括内容和平台）上接触到了消费者。但在此之后，没有哪个品牌能忽视那个维度。

激情的力量

你还记得自己儿时的卧室吗？你还记得墙上贴的海报，桌上立的照片，还有架上摆的书本和小物件吗？现在，想象你走进那间卧室，想象眼前的一切。回想一下，挂上自己最喜爱的球员或球队海报时，你当时有什么感觉？你把它贴在了屋里哪个位置？为什么会选择那里？想一想那些物品如何展现了你和你的激情所在。别人一眼就能看出你究竟热爱什么。墙上的图片可能会随着时间推移而发生变化，因为一种激情会让位给另一种激情。不过，青少年才不考虑把卧室设计得尽善尽美呢。他们通常不考虑色彩搭配，不在乎海报有没有重叠，也不在意每张图片是不是搭配，只想把它们统统展示出来。一个人待在卧室里，被海报、纪念品和创意包围时，会感到快乐无比。

2007年5月，耐克与世界上最大的体育运动用品网络零售商Foot Locker合作，在纽约哈林区第一百二十五街开设了第一家联名Foot Locker的篮球概念店（House of Hoops）。那是一处真正的篮球圣地，汇聚了耐克旗下所有品牌（耐克篮球、乔丹品牌与匡威），展示了篮球运动的今昔与未来。透过店铺的玻璃橱窗，能看见一座篮球半场。消费者可以走进店里，沿着走廊往里走，走廊两侧装饰着纽约篮球界的众多传奇人物。绕过拐角，迎面就是勒布朗和科比栩栩如生的真人模型，就连文身都一模一样。那些文身是由一位艺术家用喷枪绘制的。墙上饰以瓷砖拼砌成的巨型壁画，画上是著名中锋帕特里克·尤因（Patrick Ewing）。墙上贴着维多利亚时代风格的墙纸，图案全是与篮球运动有关的元素。每双运动鞋都搁在雕花的木质平台上，被灯光照亮。接着，人们可以走进鞋类精品区。在那里，运动鞋被摆在皮革制成的基座上，像奖杯一样展示出来。聚光灯照在深色木镶板上，映出圣洁的光晕。这是为了强调一点：这些球鞋乃是神圣之物。整间店铺充满了运动激情，也体现了创意的一大原则：以最高标准把握最微小的细节。第一座篮球概念店只是个开始。在接下来的三年里，一百多家篮球概念店应运而生，遍及世界各个角落。

这个创意的起源可以追溯到大约一年前。当时，我与耐克篮球的创意总监雷·巴茨（Ray Butts）进行了一次谈话。

从表面上看，我们的谈话很简单，只是讨论年轻人如何在生活中表达对篮球的热爱。你走进某个青少年的卧室，墙上和架子上满是照片、海报、奖杯和纪念品，展示着他们蓬勃的激情，讲述着他们最喜爱的竞技故事。青少年通常并不追求完美，只凭直觉行事，陶醉于自我表达。虽然这个创意不仅仅与篮球有关，但我和雷都从自己的童年汲取经验，回想起了如何利用卧室展示自己最喜爱的球员和体育运动。

如果说这是青少年庆祝自己喜爱的赛事、产品和球员的方式，为什么商店不能展示自己对竞技运动的热爱？大多数体育用品商店都缺少篮球文化氛围，通常只有一排排鞋子搁在桌上或架子上，毫无故事性可言。于是，我灵机一动：既然痴迷篮球的青少年的卧室如此有故事性，何不用它作为实体店铺的灵感来源？假如我们带着同样的热情和关注，打造充满故事性和个性的沉浸式环境呢？假如店铺是纽约城里一栋传统的褐石公寓，一代又一代球员在里面创造并滋养了丰富的篮球文化呢？创意从这里拓展开来：店铺外观看起来像公寓楼，但当你踏进那个空间后，就步入了篮球激情的最终归宿。

从最初的创意出发，我们想要打造一趟精彩的体验之旅，并推介给想要发展篮球业务的耐克领导者。在创意的初期阶段，这趟旅程不那么追求精准，而更注重想象力。我们希望带领他们穿过前门，进入不同的空间，引起他们的连连惊叹。我们把自己的创意浓缩成了一本演示图册，封面用真正的 NBA 球衣包裹。我们的目标是制作一本让人忍不住拿起来翻阅的图册，并且达成了这个目标。

一个月后，我和雷站在了耐克总裁和 Foot Locker 公司首席执行官面前。我们上台做演示，向领导团队介绍了这个创意，并用演示图册作为视觉指南。在台上做演示的时候，我不禁微笑着注意到，台下为数不多的听众在争抢那些图册，因为我们制作的图册不够人手一本。这一向是个好兆头，预示着会议后的成功。

除了令人惊艳的概念图册，我和雷将创意具象化的速度惊人，而这正是将构想从谈话化为现实的关键。你和你的团队是不是常常发现，你们在会议上谈起了某个创意，然后离开会议室，直到一个月甚至一年后才重新提起它？"嘿，还记得我们聊过的那个点子吗？它后来怎么样了？"这通常是因为没有人将谈话内容具象化。我认为这就像打造一幅关于创意的电影海报。你怎么才能将故事和构想提炼成一幅画，使观众一眼就能领略到创意的妙处？我常说一句话：要迅速，要形象。别浪费时间反复开会讨论某个创意，还是尽快花时间把它变成现实吧！将创意具象化形成的画面要么能让每个人都兴奋起来，要么不能。也许画面会揭示出在继续推进之前需要解决的难题。不管怎么说，你脑海中都会形成更清晰的画面。与此同时，你也将速度纳入了创意过程。速度至关重要。在展示还不成熟的初期创意时，你通常会觉得不自在；只有把创意包装得完美无缺（起码我们自己是这么想的），才敢把它展示给别人。我只想说，别让完美变成进步的敌人。

篮球概念店在理念和实践上都相当成功，因为它是展示激情的绝佳案例。如果说耐克城提供了规模宏大的零售剧场，是感官的盛宴，也是从单一品牌角度观察体育界的旅程，那么篮球概念店则讲述了关于激情和篮球的私密故事。这里没有浮夸的五层楼高的大屏幕，也许规模略小，但同样恢宏。就像孩子在卧室里展示对体育运动的激情，为了让这个篮球零售圣地鲜活起来，我们也投入了同样的激情。很多时候，品牌吝于公开展示激情，因为具体操作起来太困难了。本可以提供更多沉浸式体验的空间，却充斥着更多的产品；随着越来越多的实际问题浮现，最初推动新创意的激情被榨干了。但实际上，展示出来的激情是有感染力的；减少产品，给它们呼吸的空间，反而能使消费者更好地与故事产生共鸣。这种激情带来了转化率，推动了耐克篮球的品牌和业务不断发展。

激情是一种冒险的情感，因为它要求我们向别人透露自己的某些特质。如果你跟别人聊起过他的激情所在，就会懂我的意思。你能感觉得出来，因为对方会变得忘乎所以，话匣子一打开就关不上了。等终于说完停下的时候，他也许会感到有些尴尬。不过没关系。请向你的观众展示这一点。为你的品牌、你的故事、你的空间注入肆无忌惮的激情。请开始谈论你热爱的东西吧，永远不要停下！

篮球概念店的故事说的是，一次简单的谈话如何引出了一场成功的零售创新。谈话引出了一场头脑风暴，头脑风暴中诞生了一个创意，这个创意化成了一家店铺，而这家店铺在短短时间内开遍了世界各地，从仅仅一家变成了一百多家。从将痴迷篮球的青少年的卧室想象成终极天堂，到站在有权支持或砍掉这个创意的人面前做演示，再到那些店铺的大门敞开，欢迎消费者踏进激情澎湃的篮球场，我和雷最初提出的构想始终如一。在这趟旅程中，我们的创意之所以能茁壮成长，是因为我们不断向前推进，也得到了向前推进的许可。这就是鼓励冒险的企业文化。这就是你如何引燃陷入停滞的零售业，打造出全球连锁店。让创意不断滋长，不断发展。让创意重振市场，在品牌与消费者、消费者与他们喜爱的运动之间建立起更强大的纽带。

终极对决

"先射门得分的队伍获胜。一局定胜负。"

播音员如是说道。就这样，"终极对决"拉开了帷幕。完美高效的克隆球星将与存在缺陷、敢于冒险的挑战者——"原版"球星一战定胜负。对人类球员来说，比赛开场不利。克隆球员轻松占据了上风，凭借完美脚法使场上局面"一边倒"。伊布一球射向克隆人球门上角，那本是一次防不胜防的射门，却被守门员轻松截下。垂头丧气的伊布高举双手，一脸难以置信。克隆球员迅速反击，将球传向前场，杀入"原版"球星的半边场地。克隆前锋一脚抽射，毫不费力地将球送向无人防守的球门……不过，巴西球星大卫·路易斯（David Luiz）突然冒了出来，在门前几英寸[1]处截住了球。

接下来，轮到"原版"球员进攻了。人类球员以出色的传球、娴熟的脚法和欢快的节奏，带球逐渐逼近克隆球员的球门——哪怕科学家火冒三丈，派出了更多克隆人上场（此举很可能违反了比赛规则，但不知为何没被红牌罚下……）。罗纳尔多带球来到球门区前方，看了看挡在

1.英寸：英美制长度单位。1 英寸=2.54 厘米。

自己和球门之间的后卫数量，说道："不，这也太简单了。"这时，更多的后卫冲上前来。"这才像话嘛。"接下来，是罗纳尔多精彩的个人表演时间。穿过后卫组成的迷宫时，这位葡萄牙球星用极富想象力的动作绕过克隆人，独自带球来到门线。他回头冲克隆球员微微一笑，然后一脚射门。观众席沸腾了。人类的想象力与冒险精神大获全胜。

从很多层面上看，《终极对决》都极其大胆，但又看似简单。影片制作如此精良，故事讲述如此精彩，以至于人们很容易忽略其中真正的创新之处。在韦柯广告公司的创意总监阿尔贝托·庞特（Alberto Ponte）和瑞安·奥罗克（Ryan O'Rourke）想出故事梗概后，影片的制作过程不同于创意团队此前做过的任何事。首先，他们组建了编剧室，吸纳了各类编剧，包括对话、故事和笑话编剧。最初的剧本长达四十五分钟，比标准的商业广告长了四十四分钟。这可能是个讯号，表明我们想讲的故事对我们想使用的媒介来说太长了。有些团队可能会因为这个点子不可行，就立刻将其扼杀。我们没有这么做，而是问自己：这个故事能不能压缩到五分钟内讲完？这就引出了我们的第二个决定：无法在通常的电视广告时段发布这么长的影片，那该怎么办呢？此时此刻，很多品牌都会拍板下决定，认为这个项目不值得大费周章。如果它没法当成正常广告发布，那为什么还要发布呢？

答案是：因为这个故事值得讲述。我们不打算受传统做法的束缚，毕竟整个理念都是非传统的。如果你试图以全新方式接触消费者，就必须抛开通常的做法。这才是问题的关键。当你身处其中，不知结果会如何的时候，那可真是吓人。总之，编剧室再次忙碌起来，在不影响故事质量的情况下将影片压缩到了五分钟。（其实我一直很好奇，按原剧本拍出的片子会是什么样的。）

第三章 不求稳妥，积极进取

接下来，团队邀请了 Passion Pictures 工作室进行动画制作，他们设计出了整个世界和每个球员的形象。我们不确定动画该是什么样的，只知道它不能像以往任何作品。它必须与众不同，同时极具吸引力。此外，整个风格必须既有趣，又不能太过幼稚。

有一件事增加了动画制作的难度，那就是需要得到运动员的许可。这也是耐克任何一部创意大作都会面临的挑战，因为在品牌传播中出现的运动员有权拒绝。但《终极对决》的问题在于，这是C罗和伊布等球员（他们对给出许可并不陌生）第一次看到自己以动画形象出现。我的意思是，我们必须努力说服他们。最初几轮角色设计过程中，我在看到第一版粗糙的动画形象时未免担心。由于存在这么多不确定因素，我不禁怀疑项目到底能不能成功。

如果你让动画形象看起来太逼真，就会限制动画这种媒介的艺术表达。因此，我们需要找到平衡点。如果任何一位球星不喜欢自己的呈现方式，最终成片都不可能面世。值得庆幸的是，我们找到了平衡点，动画制作人将球星的形象真实呈现了出来，似乎个性还有点儿"太过突出"了。

这些动画形象不仅仅在广告片里派上了用场。

我们想要实时（或者说，在技术和人类耐力允许的情况下尽可能真实地）发布内容，回应世界杯中发生的大事件。但问题在于，由于版权协议，我们不能截取球场上的重大瞬间，用于自己发布的内容。球员们也不能参加传统的拍摄，为我们提供便于使用的影像资料。这就是为什么我们努力在动画领域寻求创新。动画使我们摆脱了上述所有束缚，虽说也带来了一大堆全新的挑战。这是前所未有的创举，不仅仅因为帮我们做到这一点的科技手段如此新颖，还因为各支团队散落在全国各地，

079

根本无法亲密协作。

解决方法就是，在波特兰市中心建一个能容纳两百人的耐克足球指挥中心，让编剧、艺术总监和机构合作伙伴能在同一处并肩工作，迅速灵活地提供要发布的内容。指挥中心连续三十天二十四小时运作，提供二十二种语言服务。如果C罗在足球场上演了惊人之举，团队能迅速发布带有他动画形象的社交媒体帖子，并在标题中带上#搏上一切#这个话题标签。我们实时发布了两百多条独特的内容，遍及全球各地的数字化平台。这同样是前所未有的创举。

指挥中心的神奇之处和成功关键在于空间本身。我们没有采用企业通常的方式，也就是重新利用现有空间和库存家具。这个空间设计出来只为一个目的：打造协作顺畅的创意流程。墙上挂的艺术品、名人名言、摄影作品和灯光照明，一切都经过刻意安排与精心策划，使团队能够沉浸在任务中，同时激发他们的想象力。当你为自己所处的空间感到自豪（我们确实感到自豪）时，就会努力做到最好。这个空间本身就是"追求创意"的鲜活案例。

指挥中心给人"家"的感觉。考虑到那些机构常常为了争夺业务和认可拼得你死我活，这可谓罕见的壮举。正如耐克当时的社交媒体负责人穆萨·塔里克（Musa Tariq）所说："我们会一起吃饭，一起看世界杯，一起打造社群。"鉴于机构之间没有等级之分，也没有被隔开，每个人都站在同一水平线上。最后，"搏上一切"营销战役超越了耐克，也超越了品牌。每个人都深信这一点，在世界最大的舞台上发动了第一场实时的全球营销战役。"耐克允许你大胆畅想，"穆萨说，"我们让全世界最优秀的人才聚在同一屋檐下畅想。"

片中的主角之一，瑞典国家队的伊布，并没有获得世界杯的参赛资格。但他的独特个性是《终极对决》宣传片和我们其他营销工作的关键。我们必须想办法让伊布参与营销战役，哪怕他所在的球队没能参赛。

幸运的是，让伊布如此惹人喜爱的特质（他基本上是个行走的段子手）给我们提供了答案。凭借第一人称的说话方式和满满的自信，伊布成了世界杯的非官方发言人。这位老兄曾经语出惊人："一想到我这么完美，我就忍不住笑出声。"你懂的，他就是这么霸气外露。

我们为此打造了指挥中心"跳动的心脏"，也就是革命性的数字木偶戏与动画工作室。一位身穿动作捕捉服的演员，加上一名创造面部表情的数字木偶师，让伊布的吐槽变得鲜活起来，最后的润色则是做成动画效果。这种突破性做法使这位瑞典前锋能以动画短视频的形式，在谷歌环聊（Google Hangout[1]）上回答球迷提出的问题。所有问题都通过社交媒体上的#问问伊布#这个话题标签提交。

聊天是这样进行的，当主持人问动画版伊布能不能听见时，这位球星答道："你还没开口呢，伊布就听见了。"

主持人："伊布，世界各地的人准备问你几个问题。"

伊布："很好，因为伊布无所不知。"

此外，体育台ESPN的王牌节目《体育中心》（*Sport Center*）多了个小环节"伊布今日冒险片段"，实时动画版的伊布每晚都会出现在节目中。我们要在短短六小时内从编写最初剧本到制作出最终动画。

当所有这些元素拼凑到一起（这几乎是个奇迹）时，营销战役的成果超出了预期。宣传片本身一炮而红，回应世界杯大事件的实时动画视频给了消费者前所未有的体验，伊布也再次证明了为什么他如此惹人喜

1.Google Hangout：一款视频会议与即时消息服务软件。

爱。这次营销战役的成功设定了一个新标准：品牌如何在全球范围内提供消费者体验，同时与当地发生的事保持联系。这就是数字化革命的力量。

不但耐克成为世界杯期间浏览量最大的品牌，这次活动也是耐克史上浏览量最大的活动。只要看几个数字，你就能体会这次活动的影响力：在网络平台上，"搏上一切"三部宣传片的总浏览量超过四亿，共有两千三百万人点赞、转发或评论。《终极对决》是社交网站脸书网（Facebook）上有史以来分享量最高的视频。

不求稳妥，积极进取

谨小慎微很难做出创新突破。无论是在科学领域还是在品牌营销领域，追求新理念都需要大胆无畏的冒险。我们冒险不仅仅是因为想尝试新事物，还想创造全新的思维模式、传播模式和参与模式。我们之所以冒险，是因为世界一直在发展，消费者的期望值也在不断攀升。

不过，追求品牌创新不该牺牲精心安排的战略和流程，那些战略和流程能拉近你与消费者的距离。如今，品牌拥有非凡的能力，能与消费者实时互动，使他们成为故事的一部分。这需要时间，也需要资源。诀窍就在于找到平衡点，既要通过社交媒体和其他数字化渠道满足消费者的需求，又要引燃他们的想象力，加深他们对品牌的理解。如果我们真的重视关系而非交易，就意味着要在消费者最需要的时候为他们提供服务，同时拓展他们的思维，激发他们的新欲望。要实现这个目标，就需要找到艺术与科学的平衡。当艺术与科学（也就是想象力与数据）协调合拍时，就能相辅相成，共创成功。

我们很容易被工作节奏带着跑，认为能跟上节奏就已经不错了。但作为品牌方，我们绝不能忘记，我们的主要任务是在情感上打动消费者，拉近双方的距离。请充分发挥你的想象力，安排消费者接触品牌的步调，运用新科技让他们参与进来。测试你的极限，别害怕冒险。正如传奇广告艺术总监乔治·路易斯（George Lois）所说："你可以很谨慎，也可以很有创意，但世上没有谨慎的创意。"

"不求稳妥，积极进取"基本原则

1. 切勿征求许可

品牌文化中最容易扼杀想象力的做法，就是要求团队为运用想象力征求许可。随着时间的推移，将大胆畅想变成日常习惯。

2. 全力挥棒出击

跻身棒球名人堂的球员职业生涯中的平均击球率为 0.301，这就意味着他们出局的次数多于上垒次数，但他们仍然被视为史上最伟大的球员。以创新的方式全力挥棒出击吧！哪怕这次没能击中，也会引出下一次的成功。

3. 制作电影海报

你的创意做成电影海报会是什么样？怎么才能用画面在一瞬间讲述你的故事？光靠嘴巴说很难诠释你的创意。不妨将创意转换为画面，便于团队迅速理解，并将它传递给消费者。

4. 接受限制

有时候，时间越少越好，资金越少越棒。时间和预算的压力能成为想象力的源泉。让紧迫感催生你的独创性。

5. 打造舞台

如果你所处的空间缺少情感，你就很难创造出情感。无论是实体空间还是数字空间,在古板僵化、无聊透顶的格子间里,哪怕能激发出灵感,它也只会转瞬即逝。请让工作环境与你寻求的解决方案一样充满创新。

第四章 **保持专注，
追求卓越**

你的品牌标志起初可能只是个签名符号，但请把它视为品牌未来最重要的一部分。

灵感

"飞鸟展双翼，翱翔无止境。"

——威廉·布莱克

对相当一部分人来说，威廉·布莱克只不过是印在"乔丹之翼"海报上的一个名字。这位19世纪英国诗人兼画家并不容易让人联想到运动的伟大，但幸运的是，他有一句诗入选了有史以来最受欢迎的海报。20世纪90年代初，"乔丹之翼"击败了法拉·福塞特（Farrah Fawcett）[1]踩滑板的海报，荣登最受欢迎海报的冠军宝座。当然，双臂平伸、一手控球的乔丹可能有助于提升布莱克的国民认知度，并将他（至少是他的这句诗）与体育和耐克永远联系在了一起。

黑白海报"乔丹之翼"的设计者罗恩·杜马斯表示，他发现布莱克的诗句"振奋人心，永不过时"，并为海报这种媒介提供了一定程度的"艺术感"。毕竟，大多海报上都是色彩鲜亮、光彩夺目的体育明星，通常还在做某些特殊动作。诗歌这一不同寻常的艺术元素或许能解释，为什么当时就读于明尼阿波利斯艺术与设计学院的我，会把这幅海报挂在宿舍墙上显眼的位置。像20世纪90年代其他成千上万的孩子一样，

---

1. 法拉·福塞特：美国演员，曾在电视版《霹雳娇娃》中出演女主角，以金色卷发和阳光笑容成为20世纪70年代的性感偶像。

第四章　保持专注，追求卓越

我喜爱这幅海报，至今仍然认为它是史上最伟大的体育海报。我喜爱它的原因在于，"乔丹之翼"不是普通的体育海报，也绝不可能是。

后来，我进入耐克，在杜马斯麾下工作。他当时是耐克形象设计部的创意总监，刚设计出"乔丹之翼"海报不久。20世纪80年代和90年代初，杜马斯参与设计了众多乔丹海报，其中最值得一提的是乔丹在1988年灌篮大赛上从罚球线跃起扣篮的经典一幕。几年前的另一幅著名乔丹海报是由耐克设计部传奇人物彼得·摩尔（Peter Moore）创作的，取材自一次摆拍，展示了这位球星标志性的"飞人"灌篮英姿。事实上，那幅海报影响了后来的乔丹"飞人"标志，该标志也是在摩尔的指导下诞生的。

鉴于这段历史，不难理解为什么杜马斯对乔丹新款海报的创意会引人注目。它与此前（流行）的乔丹海报截然不同，甚至没有展示乔丹打篮球的英姿，仅仅是一手控球！后来，杜马斯告诉我："好消息是，乔丹和体育营销部都喜欢这个创意，于是我们就继续推进了。"

从一开始，杜马斯就想做些"高端"的东西——这是他对我说的原话。当时，乔丹做出惊人动作的形象已是世人皆知。耐克在这方面遥遥领先，有了"空中飞人"海报和"灌篮大赛"海报。虽然那些画面有惊人的艺术价值（而且销量极高），但杜马斯并不想重复过去的成功。海报能否传递更深刻的内涵，能否像艺术品那样，让人从中得到启迪？有人会说，像乔丹这样的超级巨星，在球场上展现出的技巧已经上升到了艺术水平，体现出了古希腊人崇尚的运动美学理念。此外，耐克将体育作为跟艺术或文学一样的人文传统来倡导，意味着将当时世界上最著名的运动员作为艺术品来展示。这与耐克品牌完美契合，甚至将品牌拓展到了全新领域。

事实上,"乔丹之翼"海报之所以脱颖而出,是因为它不仅仅展现了体育,还表达了艺术。杜马斯表示:"当我勾勒出这个创意时,立即意识到应该采用像艺术摄影一样的黑白画面。"就像最优秀的摄影作品一样,海报画面好似油画,主题清晰且突出,但内涵供人自行诠释。乔丹双臂平伸到底代表什么,在不同观众眼中有着不同的意义。换句话说,我看到的东西可能与你看到的截然不同。听到杜马斯在想出这个姿势时眼前浮现的场景,我不禁惊讶万分。他说,那让他想起了"孩子喜欢张开双臂奔跑,假装在飞翔"。布莱克的诗句契合这种纯真童年的意象,呼吁年轻人大胆畅想,冲破障碍,抛开怀疑与恐惧,展翅翱翔于天际。与此同时,乔丹的面部表情,以及充满宗教仪式感的双臂平伸,会让人联想到冥想状态。他不是在翱翔,而是在畅想。静止画面则反映了人类的思维支配身体的方式。

因此,"乔丹之翼"海报与其说是对运动员乔丹的赞美,不如说是对人类精神的赞美。海报上的乔丹象征着年轻人潜藏的卓越特质。从这个角度来看,海报不仅展示了一位伟大运动员,还将耐克的宗旨(也是耐克品牌的核心理念)提炼成了一幅画面:你也是一位能追求卓越的运动员。这幅海报不光对篮球迷极具吸引力,也许这就是为什么它卖得那么好,装饰了那么多从未碰过篮球的人的卧室墙壁。这也解释了"乔丹之翼"海报为什么永不过时。它的画面传达了一系列价值观,激发了观众最高层次的情感。除了你自己,没有什么能限制你。张开翅膀去飞翔吧,你根本不知道自己能飞得多远。

不过,布莱克的原话要更隽永一些。

第四章　保持专注，追求卓越

画与画框

有些人也许会认为，"乔丹之翼"不过是一幅流行海报——虽说风格独特，但在围绕耐克品牌识别的大讨论中并不重要。他们想到耐克的时候，想到的是"对勾"标志。他们想到迈克尔·乔丹，或者任何一位与耐克品牌挂钩的运动员时，也可能会想到各种标志，比如说"飞人"标志。我将在这一章中讨论标志。我可不想在讨论品牌识别的过程中削弱它们的重要性。不过，标志只是品牌用来展现形象的元素之一。"乔丹之翼"海报，以及我们接下来会提到的其他设计，都经过深思熟虑的精心安排，都是为了打造令人过目难忘的品牌识别。

品牌识别在市场营销中很容易被忽略。我与创业者和企业家交谈时，对方有时会低估品牌识别的重要性，也就是通过代表一系列价值观的标志，来展示他们的公司或组织。这么做忽略了强大品牌与消费者的情感纽带，这种纽带会使消费者为使用你的产品或服务感到自豪。当然，品牌必须先在消费者群体中建立品牌资产，然后才会出现品牌忠诚度。但这一切都始于传递品牌精神与品牌识别的强大视觉语言。

不妨想一想某人的签名。签名一直是独特个性的象征，这是有原因的。没有哪两个人的签名一模一样，每个签名都有代表那个人的独特风格与样式。你的品牌识别也该像签名一样与众不同。你的客户必须能瞬间意识到，它代表你品牌的宗旨和价值观，以及区别于竞争对手的独特特质。你的品牌识别能不能像使命宣言或宣传稿件一样讲述你的品牌故事？你的品牌是否拥有能反映其形象的个性？从消费者看到的每个识别符号中，能否体现出强有力的品牌特色？

最显而易见的一点是，品牌识别通过品牌标志体现出来。不过，我

灵感

们必须跳出狭义的定义，接纳比较宽泛的观点。我向听众说起品牌识别时，经常拿"画框"打比方。品牌识别就是你如何展示品牌的每个图案、每款产品、每份宣传品。画框不该抢走画面（或是你想展示的东西）的风头，但应该包含容易辨识的元素，告诉别人这幅画属于你的品牌。每个画框并不需要完全相同。把你的识别符号玩出花样来，正是建立强大且一致的品牌识别的乐趣（与挑战）所在。不过，那些画框在形状、颜色和风格上应该足够相似，能告诉观众它们属于你的品牌。"乔丹之翼"是一幅迈克尔·乔丹的海报。史上最伟大的篮球运动员乔丹是"画面"，而乔丹被展现的方式、黑白摄影的运用、静止不动的图像、横跨海报顶部的"翼"字、拉长的字体以及海报试图传达的讯息，都是耐克品牌框架的一部分。它们表明，这显然是耐克的海报，因为"画框"代表了耐克品牌的宗旨和价值观——激励人们追求卓越。体育竞技拼的是心态，追求卓越需要特定的心态，要能在情绪旋涡中达到心如止水。而这始于愿意畅想。

值得注意的是，"画框"并没有抢走"画面"的风头。说到底，"乔丹之翼"是乔丹的海报，其他任何人都无法取代，就连耐克品牌也不能。但耐克品牌仍然存在，作为画面背景的一部分存在，为消费者提供必要的情感联系，也大大提升了海报的内涵，使它不仅仅是"又一张乔丹的照片"。我不是说这很容易实现——我很清楚，用有史以来最受欢迎的体育海报举例似乎有点儿不公平。不过，只要你现在不仅仅将"乔丹之翼"视为一幅海报，而是知道它达成了多重目的，激发了各类情感，就能意识到品牌识别是如何发挥作用的了。我承认，大多数品牌并不关心这些细节，但最优秀的品牌会这么做，因为他们理解并重视打造统一品牌识别的重要性。这类品牌会在多个平台上说同一句话：我们就是这样的品牌。

框架：品牌的视觉语言

现在，想想你最喜爱的一些品牌。我敢打赌，你能毫不费力地列举出它们视觉语言的若干要素。例如，某种独特的颜色，某类字体，或是某个标志。别误认为其中一些元素只是意外的巧合，那些品牌只是碰巧形成了如今人人皆知的外观。那些建立了强大品牌识别的公司，都经过了坚持不懈的努力。一百七十多年来，蒂芙尼的品牌标志一直是独特的蓝色。它最初面世的时候，只不过是"蓝"。但一个多世纪以来，蒂芙尼在消费群体中积累起的品牌资产，已经将那种简单的蓝色变成了"蒂芙尼蓝"。那种颜色已经与蒂芙尼品牌密不可分。至于另一个奢侈品牌巴宝莉，在其最令人垂涎的服装上运用了标志性的格子图案——驼色格纹。当你看到那个图案时，就知道是博柏利。此外，科技品牌谷歌一直在拿自己的标志玩把戏，换着花样纪念"历史上的今天"。流媒体公司网飞（Netflix）则以红色作为易于辨识的品牌体验框架。无论是在奢侈品、科技、汽车还是体育用品领域，对品牌视觉形象的投入都是物有所值的。这些视觉线索从来都不是随机得来的，而是精心设计的结果。

多年来，我经常与苹果公司的品牌设计团队合作，尤其是与当时的苹果营销传播创意总监浅井弘树（Hiroki Asai）合作。在他充满创意的领导下，苹果通过对细节的痴迷和对强大视觉形象的透彻理解，充分体现了"设计激发情感"的精神。除了品牌标志，苹果公司的大部分包装、产品图、店内广告牌和网站展示有什么共同点？大量使用白色空间，没有多余的花哨杂物。苹果的品牌识别以简洁为基础，白色就像空白的纸张，用于展示故事主角，也就是产品本身，将它们放置于舞台中央。换句话说，没出现的东西与出现的东西同样重要。

几十年来，运用白色空间一直是苹果的品牌识别符号。这种颜色（或者说没有颜色）在苹果的整套生态系统中随处可见。你无法为一种颜色注册商标，但苹果拥有白色，就像它拥有自己的公司标志。它通过一种特殊的"框架"展示产品，让所有人都知道某款产品属于苹果。这个"框架"，也就是苹果的品牌识别符号，并没有抢走框中之画（产品）的风头，但消费者能感觉到品牌的存在，并留下第一印象：它是苹果的东西。虽说任何框架都应该追求简洁，但苹果公司运用的清晰简约的设计，已经跟苹果标志本身一样与品牌紧密相连。它不但定义了苹果品牌，还能勾起消费者的情感反应，让他们将简洁与对苹果的依恋联系起来，就像气味能勾起回忆。

无论我们谈的是苹果公司与众不同的包装方式，还是零售业巨头塔吉特（Target）拿自己的标志作为传播中的吸睛亮点，这些品牌都在努力彰显自己独特的品牌识别——从消费者踏进商店（或网络商店）的那一秒，到消费者打开产品包装的那一刻。这种对品牌宗旨的深入理解，使它们能随时间的推移打造并发展品牌识别，赢得消费者的忠诚。换句话说，这并不是一劳永逸的事。它们在不断打造并发展品牌识别，通过精心考量，确保品牌识别在各个方面都能得到体现。这说明，它们的内部文化对品牌标准自有一杆秤。它们的团队敏锐地意识到，每个视觉细节都是讲述品牌故事的机会。

相较之下，初创企业和创业者很可能错失良机，没有从一开始就认真打造品牌识别。他们听我谈论世界上最具代表性的品牌，却认为那不适用于自己。此外，他们忙着让公司站稳脚跟，忙着将产品推向市场，根本没时间界定自己的品牌，最多是设计个公司标志。我能理解他们的心态。在推崇创业的当今文化中，我们以惊人的速度将创意推向市场。毕竟一天只有二十四小时，他们抽不出时间为自己的产品打造视觉舞台，因为那么做不会有立竿见影的效果。他们可能会说："以后再做吧。"但是，品牌识别不仅仅是一套用来跟其他公司做区分的颜色、模板与图标。简单来说，它是公司长期发展的基础。品牌会不断发展，不断成长，但很少有品牌能重塑自己的形象。一旦公众对你的品牌有了印象，无论那个印象是好是坏，以后都会很难改变。因此，你从一开始就要慎重考虑，你希望自己的品牌给人留下什么印象。不要听天由命，顺其自然，也不要觉得可以"以后再做"。现在就开始吧！你能够打造出最能代表你品牌的造型、风格和形式。起初回报可能并不明显，但从长远来看，这么做的好处毋庸置疑。

"对勾"回归

2000年夏天，我听说了一个消息：耐克形象设计部的主管，也就是我的顶头上司，即将离开公司。这是我挺身而出的好机会。我已经准备好登台亮相，从设计师转型为领导者了。我走进主管的办公室，宣布自己准备好了接替他的职位。起初他吃了一惊，因为他当时还没有正式离职。不过，他说会把我纳入考虑范围。那年夏末，当全世界都在观看悉尼奥运会时，我成为耐克形象设计部的新领导，负责创造并管理耐克在全球各地的品牌识别与消费者体验。

灵感

我面临的一大挑战是，仅仅八年前，我还是个实习生，在我现在直接管理的一些员工手下干活。对此，某些老员工无疑很难接受。而消除这种窘境需要时间。正如世间万物一样，尊重不是靠别人给予，而是靠自己赢得的。我走上全新工作岗位时怀揣目标和计划，首要任务就是改掉部门名称。"形象"这个词局限了我们团队对耐克品牌的职责。因此，我提出了全新的名称：品牌设计。（那是这个词在设计业内人人耳熟能详之前。）大家都觉得不错。于是，我们从"形象设计部"改成了"品牌设计部"。

我在这个新领导岗位上一干就是二十年，统管耐克的创新、运动员和"对勾"标志。

没错，我负责这个极具代表性的品牌标志的应用。

真可谓压力巨大！

恰巧，我接到的第一项任务就是帮助"对勾"标志回归。从20世纪90年代中期起，耐克只使用"对勾"作为主要标志，不再加上 Futura 字体的 NIKE 字样。过去，NIKE 这几个大写字母一直出现在"对勾"标志正上方。2000年有一小段时间，我们决定回溯品牌传统，重新启用20世纪70年代初耐克包装上出现过的小写字母 nike 标志。这么做的原因有很多。首先，"对勾"标志被使用过度，有时在一双鞋上就会出现十几次，因此需要加以缩减。其次，通过使用复古的小写字母标志，我们相信能减少对"对勾"标志的依赖，为品牌加入其他的识别符号。不过，我们很快意识到，小写字母标志缺乏"对勾"蕴含的情感力量和品牌资产，反而把原本清晰简约、极具特色的品牌标志变复杂了。"对勾"就是耐克，耐克就是"对勾"。小写字母 nike 其实是多余的。

尽管如此，暂停使用"对勾"标志还是起到了作用。我们给了它喘息的机会，但现在该唤醒它了。为了让"对勾"重新发挥品牌标志的作用，我们制定了一套全新标准。我召集起创意团队，讨论如何以最佳方式告诉其他耐克员工"转变即将发生"。这催生了一本小小的银色品牌手册，封面上压印着"对勾"图案。这本"品牌圣经"不光是为营销人员和设计师准备的，还发给了公司里每个人，只为表明我们的品牌标志有多么重要。在那本手册中，我们为"对勾"制定了规矩，划定了界限，说明了哪些事可以做，哪些事不能做，什么时候可以用，什么地方可以用。我们想把"对勾"提升到至高境界，那些规矩是为了保护它。我们称之为"对勾复兴"，希望在向世界推出新（旧）标志之前，先在位于比弗顿的耐克总部试试水，为简洁标志（不附带任何字母）的回归创造兴奋点。我们再一次向全公司发出信号：哪怕是再微小的细节，也需要经过认真考量。品牌建设的重要性（像广告宣传的重要性一样）铭刻在了耐克的文化中。

上述一切看起来或许像是吹毛求疵。我是说，不管加不加上复古的小写字母 nike，"对勾"不是已经做了近三十年的品牌标志吗？很少有品牌能够如此幸运，拥有卡罗琳·戴维森（Carolyn Davidson）设计的这个简洁有效的标志。（第一次看到它的时候，耐克联合创始人菲尔·奈特的传奇回复是："呃，我不大喜欢它，但说不定会渐渐喜欢上。"）这种好运绝不能被视为理所当然。我常常向团队强调，我们应该感激拥有"对勾"，这个经典标志一直是世界各地品牌营销人员艳羡的对象。

换成小写字母标志到底有什么区别？几十年来，独立的"对勾"标志不是一直出现在耐克鞋款侧面吗？要想理解这个决定的重要性，首先就要了解"对勾"是从何时成为耐克品牌标志的。你可能会认为，作为世界上最有辨识度的品牌标志，"对勾"从公司成立之初就装饰在运动鞋身上，一直是附在每样东西上的品牌标志。但事实上，在 1994 年之前，我们所有营销传播中用的都是 Futura 字体的大写 NIKE 标志，从电视、平面广告到广告牌、鞋盒，概莫能外。那么，到底发生了什么事？

阿加西效应

1994 年，罗恩·杜马斯和一群品牌领导者灵机一动有了主意。他们观看了 6 月举行的温布尔登网球锦标赛，美国网球明星安德烈·阿加西参赛时身穿全白的耐克网球服。更重要的是，他头上戴的耐克网球帽通体雪白，前方只有一个黑色"对勾"图案，没有加上大写的 NIKE 字样。阿加西的网球帽在公众中掀起了热潮。在位于比弗顿的耐克总部，那个简洁优雅的标志也引发了热议。

杜马斯告诉我："一款服饰登上了世界舞台，它上面有个简明的符号，这件事引起了热议。再加上公司内部热情高涨，最终引出了一个问题。那就是，耐克如何将简洁的设计转化为跨多领域的品牌识别符号。"

但那并不像多年后从小写字母标志转变为只有"对勾"那么简单。你必须意识到，品牌建设和营销传播的每个环节中都用到了耐克商标，更不用说那个标志在消费者心目中积累的品牌资产。杜马斯及其团队必须确保全新的"对勾"标志能适用于一切，包括但不限于广告、包装、零售和印刷材料。简而言之，那是一项庞大的工程。

杜马斯还不得不考虑其他一些因素。不带字母、只有"对勾"的全新设计对耐克品牌有什么影响？哪些情况发生了变化？为什么要改掉原来的标志？如果你把某个受人喜爱的品牌标志抹掉一半，不可能不引起反响,无论是积极的还是消极的。没有几个人会说:"这有什么关系?"改变虽然微小,却是一次巨大的变革。

于是,杜马斯准备了面向高管团队的提案演示,在耐克总部园区内的约翰·麦肯罗大楼进行。他立起了巨大的海报板,横跨整个会议室,展示了只有"对勾"图案的新标志的所有应用场景。根据杜马斯的估计,那次演示大约花了一小时,高层似乎挺满意,但却不置可否。

"虽然我很喜欢我们创造的东西,觉得它非常新颖,但还是有点儿紧张。因为我们提议改变一家全球化公司的全套品牌识别,变成只有一个符号。"杜马斯回忆说,"当时还没有哪家财富五百强公司做过这样的事。我想:'真是棒极了,我会成为弄垮一个伟大品牌的创意总监!'"

第二天,托马斯接到了电话,说改动得到了批准。没有做焦点小组讨论,也没有做消费者调研。领导团队认为,全新的简单设计很不错。但对托马斯来说,他的工作才刚刚开始。

"当时,那可能是我职业生涯中规模最大的项目,"他说,"我们大约花了六个月解决细节问题。"

他们需要一整套方案,在耐克所有包装和产品上采用新设计。直到1996年春天,只剩下"对勾"的全新品牌标志才在全球范围内正式投入使用。

对此,消费者和业界的总体反应十分积极。托马斯总结说:"极具标志性的新标志刚刚诞生,我相信它促进了耐克在未来若干年的持续发展,也有助于耐克提升品牌实力。"

所以说,没错,改变标志确实是件大事……

但你最需要弄明白的,不是我们改变了耐克的标志(先改掉,再改回来),而是我们为什么要改变它。对托马斯和其他人来说,阿加西网

灵感

球帽上简洁的"对勾"（当时没人想到它会导致企业标志改头换面）是灵感来源，让他们重新审视这个被我们和全世界赋予超凡意义的图案。品牌最初设计标志（就像个人签名）的时候，就开启了一段旅程。当那个标志被供上神坛后，仅仅是提出想改变它，就像是提出异端邪说。从菲尔耸耸肩说他可能会渐渐喜欢上"对勾"，到托马斯开启他职业生涯中最庞大的项目（这个项目又包含了许多大项目），其间的二十几年（从1971年到1994年）正是耐克持续积累品牌资产，延伸到品牌标志上的时期。你最初只想设计个酷炫的符号，希望能帮助品牌从竞争中脱颖而出，结果它却变成了让你和团队无比自豪的东西。如果你做得好，它也会让你的用户感到自豪，对品牌产生信任和归属感。如果标志缺少这些内涵，就只不过是一幅图案。如果它无法代表什么，那它就毫无意义。

相信直觉

"对勾"标志回归并不是我担任品牌设计负责人第一年中唯一难忘的事。我们还准备推出全新的耐克Shox鞋款，那是中底（midsole）设计的一项重大创新。鞋底的Shox弹力柱作用类似弹簧，先是吸收脚跟下压时的冲击力，然后随着弹簧激活，释放出储存的能量。那是一款面向未来的鞋履，很适合迎接21世纪的到来。

当时的产品创意负责人是马克·帕克（Mark Parker），他要求我为全新的耐克Shox设计品牌识别。这就意味着要设计一款与新鞋一样创新的标志。那时，设计标志是我的生计之本。但我也明白，走上新岗位会减少我做设计的时间。我领导着一支创意团队，需要放权给他们去做设计。尽管如此，在马克说话的时候，我还是忍不住做了些笔记，还根据他的描述速涂了一幅耐克 Shox 标志的草图。那是涂鸦之作，只是将那款鞋的意义和构想转化为简单的设计。还是那句话，设计标志是我的生计之本。草图上有个字母 S，类似左右颠倒的字母 Z，上下各有一条短横杠，整体看起来像个弹簧。我合上笔记本，把它抛在了脑后。接下来，该进入真正的设计环节了。

那段时期，我的团队常常为了开发创新标志耗费大量资源。为了让耐克标志出现在全世界数百万运动员脚上，这只是个小小的代价。我聘请了两家不同的设计公司，他们总共提交了八十款耐克 Shox 标志。这听起来似乎很多，但我们在品牌建设上可谓不遗余力。然而，当我们逐一审阅那些标志时，才发现并没有哪款能让人眼前一亮。我想起了自己曾经的速涂草图，就把它找了出来，但并没有拿它作为评判其他设计稿的标准。不过，在翻阅比稿作品的时候，我总是回想起自己最初画的草图。最后，我不得不承认，那幅草图不仅仅是草图，完全可以参加比稿。于是，我把它加入了选项。我和马克审阅了所有作品，我们都盯上了我画的那幅图。或许我一开始忽略了它，是因为它过于直白。两家设计公司总能拿出比左右颠倒的字母 Z 更棒的创意吧？但与此同时，我想起了优秀标志的优秀之处。它们极为简洁，看起来与众不同，而且能讲述故事。马克看着我说：就是它了！

有时候，你会绕上一大圈，最后回到原点，意识到自己最初的直觉是对的。就这样，我画的左右颠倒的字母 Z 成了耐克 Shox 标志。它之所以成功，是因为满足了界定成功标志的三大条件。首先，它看起来像创新（弹簧）；其次，它充满动感，让人注意到创新本身（像弹簧弹出页面）；最后，它还包含语音元素（左右颠倒的字母 Z 实际上是"Shox"

灵感

的首字母 S）。一个标志能同时满足这三个条件的情况相当罕见。以这种方式给我在耐克的标志设计生涯画上句号，其实还挺不赖的。

不过，我们还没有彻底完成任务。下一步是为耐克 Shox 想一条口号，要既有趣又令人难忘，展现它的创新之处。于是，就有了"嘭"（Boing，弹簧弹起的声音）。太完美了！俏皮，简洁，生动。当然，这条口号也是韦柯广告公司想出来的。再加任何东西都是画蛇添足。那年夏天在悉尼举行的奥运会上，效力于美国男子篮球队的文斯·卡特（Vince Carter）穿上了耐克的这款鞋。这无疑对我们的营销战役大有助益。当时，卡特被誉为赛场上最优秀的扣篮手。他在与法国国家队的比赛中截获了一个传球，运了两次球，然后纵身一跃（"嘭"的一声），飞过了身高两米一八的法国中锋弗雷德里克·维斯（Frederic Weis）的头顶，以极具卡特特色的打法灌篮得分。我们有优秀的标志，也有优秀的口号，但再多的营销都无法媲美如此激动人心的一刻。

大科学家爱因斯坦说过："应该力求简单，但又不能过于简单。"每当想到标志设计时，我都会想起这句名言。我设计的耐克 Shox 标志之所以简洁，是源于一时的灵光乍现。但即便这么说也有些夸张了。我只是边听马克说话，边草草画出了脑中浮现（或者说"涌出"）的第一样东西。那是直觉，而不是灵感。更重要的是，我并没有试图创造什么卓绝不凡的东西，只是把自己的想法画下来，然后就把它抛在脑后了。我没时间将它复杂化，没时间反复斟酌，没时间把它搞得比需要的还复杂。它之所以简洁，是因为源于直觉。

接下来的许多年里，我们充分发挥才能，为赋予人力量或让人起飞的篮球鞋创造标志，为加入"Max Air"或"Zoom Air"缓震气垫的跑鞋设计标志。我们甚至涉足了以"耐克洛杉矶"和"耐克纽约"文化为根基的城市品牌建设，设计出了提炼高尔夫名将"老虎"伍兹、网球明星小威廉姆斯等运动员精髓的品牌标志。关键在于，无论你是第一次尝试就成功了，还是花了一年时间斟酌设计方向，品牌都必须找到视觉焦点，这个锚点是品牌视觉语言中其他一切元素的基础。

框中之画

耐克的每一场产品发布会，都是一次将消费者带往全新世界的机会。那个世界既鲜活又内涵丰富，既亲切又令人向往。为了不让创新仅仅沦为用具或商品，为了让创意背后的精英运动员激励更多人，我们必须为创新注入情感。创造品牌的"框中之画"，就是要打造一个有感染力的世界，其中充满想象与比喻，使产品能勾起消费者的购买欲，并以精彩绝伦的方式展示产品的优点。其中不仅仅有图像，还有故事。每个故事都代表一个重大时刻，同时有助于反映整个耐克品牌。

通过一幅图像能传递许多讯息。正如才华横溢的耐克前设计副总裁希瑟·阿穆尼-戴伊（Heather Amuny-Dey）所说："优秀的图像就像精心设计的电影场景，能将一切汇聚到一瞬间。我们都是凡人，只要亲眼看见别人做到不同寻常的事，就会以独特的方式做出回应。"

为了达到这个目的，我们相信艺术指导与摄影的力量，相信它们有助于塑造品牌的个性，讲述运动员和产品背后的故事。例如，我们与著名女摄影师安妮·莱博维茨（Annie Leibovitz）[1]合作，捕捉竞技选手的英

---

1. 安妮·莱博维茨：美国著名女摄影师，《名利场》杂志摄影师，以独特的人像摄影风格闻名于世。

灵感

雄本色；与摄影师卡洛斯·塞劳（Carlos Serrao）合作，捕捉运动精神与人物动态；或是与摄影师约翰·休特（John Huet）合作，展示体育运动蕴含的灵魂。借助这些才华横溢的合作者的镜头，每次合作都能展现耐克品牌的不同侧面。摄影师在那些照片中融入了自己的个性，耐克则用那些图像向全世界展现自己的品牌。

摄影师的任务极具挑战性，不仅要在技术层面上捕捉图像，揭示出摄影对象的深层内涵，还要激励摄影对象展露出那些东西。我指的是真情实感的流露，以及真正的奇妙瞬间，让观众与画面产生情感共鸣。例如，1999年美国女子足球队在帕萨迪纳争夺世界杯冠军期间，我有幸与她们合作。鉴于她们极有可能夺冠，这对我来说是个考验。我需要打造一场以照片为主的全国性营销战役，突显耐克与球队的合作关系。那些照片将出现在事件营销和店内海报上，以及以女足球员为榜样的孩子的卧室墙上。我选择了与澳大利亚摄影师本·沃茨（Ben Watts）合作。他的作品拥有独特的纪实风格，他本人则拥有近乎超人的精力，并将充沛精力带到了每次拍摄的现场。这样的感染力正是我们需要的，能让优秀的女足球员在照片中更显生动鲜活。

我们的工作（也是本的职责）是在打造整体团队形象的同时，勾勒出每位球员的独特个性。我们花了很多天，换了好几个地点，跟拍五位杰出的运动员——布兰迪·查斯坦（Brandi Chastain）、米娅·哈姆（Mia Hamm）[1]、蒂莎·文图里尼（Tisha Venturini）、蒂芬尼·米尔布雷特（Tiffeny Milbrett）和布里安娜·斯库里（Briana Scurry）。每位球员

1.米娅·哈姆：已退役的美国女足运动员，曾帮助美国队赢得了两次奥运会冠军和两次女足世界杯冠军。

第四章　保持专注，追求卓越

都拥有独特的个性，在球队中扮演特定的角色，而我们需要同时展现这两点。鉴于我们是在训练场边进行拍摄的，很难保证球员随时都精力充沛，因此需要本使出浑身解数，而他做到了。我们捕捉到了米娅的全情投入，布兰迪充满激情的领导力，以及布里安娜的沉稳自信。所有这些都通过一张张照片呈现了出来。

我们还通过记录琐事充实了个人肖像照，例如，球员们一起训练、一同用餐、与粉丝互动、闲聊大笑等等。或许那些影像比不上进球得分那么有戏剧色彩，但它们为观众提供了一个窗口，让他们了解这些了不起的运动员在球场外的生活，例如她们是如何共同生活和并肩作战的。我们希望观众与球队一起走过这段通往世界杯的旅程，亲眼见证一个个平淡无奇或充满戏剧色彩的瞬间。鉴于这支球队被誉为美国历史上最伟大的球队，我想说这是一趟值得一走的旅程。

在与这些杰出女性合作的过程中，还有很多东西值得一提。我们捕捉到了本真，而这是营销行业中最难得的东西。想要看到某人真实的一面，就需要对方愿意向你展露自身。此前，人们主要通过拍摄比赛时的动作来展现女子足球队，展示球员在赛场上的运动精神或英姿。但我们想将每位球员作为个人来展示，展现每件球衣背后活生生的个体。我们想将她们呈现为了不起的个人，而不仅仅是了不起的球员。我们投入了必要的时间、资源和精力，展现出了那些杰出运动员平凡可亲的一面。

事后，参与拍摄的耐克撰稿人德尼·文特（Dennie Wendt）告诉我："拍摄的球队照片之所以大获成功，就是因为它们非常真实。事实上，那一点儿也不像营销战役，感觉就像我们是一条幸运的纽带，连接起了那些球员和想要更好了解她们的孩子。"

归根结底，这就是我们想达到的目标。让球迷们，尤其是仰慕那些杰出运动员的孩子们，能够拉近与自己心目中的英雄的距离。这就是摄影与肖像照的力量，能将捕捉到的瞬间呈现给消费者，让他们与运动员产生情感共鸣。

比喻之术

没错，真是太搞笑了！我是说，有谁会剃光整个脑袋，只在脑门上留下一小块？我有资格提出这个问题，毕竟几十年来我一直剃光头。不过，剃头方式既有恰到好处的，也有不那么靠谱的，而在2002年世界杯期间，巴西人罗纳尔多，当时世界上最著名的足球运动员，选择了不太靠谱的方式。不过，尽管乍看起来相当怪异，但罗纳尔多的发型并不是理发师"翻车"的结果。他知道怎么吸引人们的眼球。更重要的是，他知道自己可以通过赛场上的表现加以弥补。通过捧得"最佳射手"的金靴奖，他成功做到了这一点。对运动员来说，如果没有竞技表现支撑，个人风格只会显得花哨空洞。在品牌界，如果一款产品外观漂亮但缺乏实用性，只会被束之高阁。我在统管品牌、运动员和产品形象的十八年中，一直强调形象对提升运动员表现的作用，以及形象对宣传创新产品的好处。罗纳尔多在世界杯上凭借发型一鸣惊人之后，又过了许多年，耐克品牌传播队伍中的创意大师恩里科·巴莱利（Enrico Balleri）为了强调这一点，说出了名言"发型很重要"。

说到底，罗纳尔多的发型并不是关键。关键在于，罗纳尔多明白，巴莱利也明白，靠怪异形象引起轰动，只不过是填充"框中之画"。接下来，我们将继续讨论足球界的形象塑造。2006年德国世界杯之后，

第四章 保持专注，追求卓越

我们发展耐克足球业务的方式之一，就是将签下的顶级球员及其签名鞋打造成个性化品牌。创意团队会做一些（有时相当古怪的）练习，弄清他们作为球员和个体的核心特质，进而打造出独特的品牌识别，以及要传达的个性特征：他们给人什么感觉？听起来像什么？看起来像什么？

为了引燃创意的火花，创意团队会制作充满比喻的"情绪板"[1]，将球员与某些实物联系起来，看看球员本人有什么反应。比如：在足球场上，你是跑车还是摩托车？你喜欢踢直线球还是弧线球？你是哪种动物？蛇、老鹰还是老虎？它们都是猎食者，只是攻击方式不同。你的攻击方式更像哪种？就态度来看，你是像钻石一样锐利，还是像涂鸦一样富于表现力？

我们会请球员们做上述练习，看他们会有什么反应。大部分是积极的，有时候很有趣。有时候他们不赞同，但给出的反馈总是很有用。通常来说，他们能立刻给出答案。他们明白我们的意思，也知道自己是什么样的人。关键在于激起情绪反应。例如，C罗的运动员形象十分清晰——他是钻石，也就意味着视觉形象要保持简洁、优雅、精致。这有助于我们塑造耐克足球品牌，同时忠于球员的个人属性。创意团队将这些洞见和对话转化为运动员及其签名鞋的可视化人格，使它们不仅仅是运动员或球鞋，还是个性与品牌内涵的延伸。钻石、太空旅行与超级跑车这些元素融合到一起，展示了C罗惊人的爆发力。换句话说，那不是一个比喻，而是若干比喻结合起来，共同展现运动员的竞技风格与足球品牌。

1.情绪板（mood board）：设计领域常用的做法，即通过一系列图像、文字、样品的拼贴引起某些情绪反应，作为设计方向与形式的参考。

曼巴心态

接下来，不得不说到篮球巨星科比·布莱恩特。你根本不需要情绪板，就能想出他对应的比喻。我们与科比合作的时候，不但要设计他的个人品牌识别，还要为他的签名鞋"科比七代"设计品牌识别。我们很快了解到，科比不需要别人的鼓励，会主动寻求外部灵感，尤其是从艺术作品中汲取灵感。他对墨西哥超现实主义画家奥克塔维奥·奥坎波（Octavio Ocampo）尤为着迷。奥坎波擅长以变形画法创造视觉幻象，也就是将若干复杂的小图案整合成大图案。你看得越深入，看到的东西就越多。

正如科比向我们的创意团队转述的那样，他对奥坎波的"画中画"风格十分着迷。他说，对他本人的比赛风格和场上心态，他自己和其他人持不同的看法，这与奥坎波的画作有异曲同工之妙。科比的比赛风格在一个对手看来是这样的，在另一个对手看来则是那样的。这一洞见直接引出了"野性各异，凶猛如一"（Different Animal, Same Beast）营销战役。当时任乔丹品牌设计副总裁的大卫·克里奇（David Creech）带领团队创作了三幅极具动感的图画。乍看起来，每幅图都像一双鞋，但再仔细看，你才会发现它们分别是蛇头、豹和大白鲨。这些图案是对科比场上心态和比赛风格的比喻。科比起初只被比作黑曼巴蛇，如今则加入了其他同样具备杀手本能的猛兽，也就是让他在比赛中占据主导地位的内心猛兽。通过这些"画中画"，消费者得以深入了解绰号"黑曼巴"的科比。

当然，我们也必须让消费者了解科比的球鞋在场上的优势。我一直提醒创意团队，我们最终必须满足购买产品的运动员的需求——我说的"产品"是指"科比七代"球鞋。这一点始终是耐克品牌的宗旨。如何通

第四章 保持专注，追求卓越

过讲故事展现代表科比另一人格的内心猛兽，同时展示运动员穿上这款球鞋后拥有的优势？对球员来说，穿上这双鞋，在赛场上就有了两种进攻方式：快攻或强攻。就像曼巴蛇一样。

科比对我们的促进作用远远超过其他任何运动员。他促使我们发挥想象力，超越传统的市场营销。我们与艺术家克里斯托夫·罗伯茨（Christophe Roberts）合作办展，克里斯托夫将众多科比鞋盒做成了一条真人大小的大白鲨。我们还把科比签名鞋放在陶罐里展示，仿佛鞋子本身就是黑曼巴蛇。我们借鉴奥坎波"画中画"的精髓，希望每个人能根据自己不同的经历，对科比品牌做出不同的解读，就像对手对科比的解读一样。

科比痴迷于为自己的品牌识别注入深刻内涵，这也延伸到了他的个人标志。乍看起来，那是由六个梯形组成的符号，设计灵感源于日本武士。但在科比看来，那些元素有更深刻的含义，就像奥坎波的画作一样。正如他在接受世界著名男性杂志《君子》（*Esquire*）采访时所说，这个标志代表一把带鞘的利剑。"利剑代表令人惊艳的天赋，"科比解释说，"剑鞘是它的外包装——包括你经历过的一切、你磨砺出的老茧、你肩上背负的包袱，以及你学到的东西。"

这就是"曼巴心态"。

科比致力于阐释自己内心的猛兽，这使得我们很容易拿出构想，因为他始终言行如一。科比总能促使我们拿出更好的创意。他是一位优秀的老师，教会了我们要充满好奇；他也不介意做学生，以便进一步提升技艺。

灵感

设计梦想

　　我们已经从品牌建设说到了比喻，但在讨论品牌识别的重要性时，我们还必须考虑环境，无论是实际环境还是虚拟环境。要想让受众沉浸在你的品牌氛围中，没有比充分利用空间更好的方法了。在那个空间里，受众可以调动所有感官，真正看到、听到、触摸到你的品牌。

　　请设想一下，你走在一条繁忙的街道上，经过一家店面，橱窗里陈列着丰富的展品，包括旗帜、镶框的画作和古董奖杯。在深色木镶板的衬托下，那看起来就像电影中的场景。你走进店里，看见墙上装饰着大学里常见的小三角旗、球队黑白照片，墙边摆放着与橱窗中的展品相配的木质家具。所有元素都与人体模型身上的服饰颜色形成了鲜明对比，突出了服饰的层次感。优雅，但又不太过精致；富于格调，但又不属于特定时代；不属于任何时代，但却永不过时。你在这个空间中继续移动，走进一个又一个场景，每个场景的氛围都十分经典，可能在五十年前看起来很不错，在五十年后也同样耐看。

　　我从小就对拉夫劳伦品牌的故事感兴趣。劳伦本人说过："我不设计产品，只设计梦想。"这就是人们走进拉夫劳伦专卖店时的感觉。他们会被对某种生活方式的憧憬深深吸引，那种生活方式建立在经典的美式休闲基础上，因为店里出售的不是服饰，而是憧憬。拉夫劳伦基础款马球衫几十年来（事实上，是1975年以来）始终如一，这是有原因的。劳伦也说过："我不是时尚人士，而是反时尚的。我感兴趣的是经久不衰、永不过时、富于格调。"从马球运动员标志到店面橱窗，从店内装潢到服饰本身，拉夫劳伦品牌痴迷于打造特定形象。换句话说，它会创造出好像存在于电影里的场景。这是另一种精心设计的策略。

"我每次设计衣服,都像在拍电影。"

事实上,那种特定形象就是它出售的东西。拉夫劳伦之所以能从百货公司里的一家领带店发展成为世界上最知名的奢侈品牌,正是因为关注每个场景中最微小的细节。

设计奥巴马

2010 年,我们在西雅图召开了一次全球营销会议。当时,我担任新设立的全球品牌创意副总裁,负责为耐克的品牌故事、品牌识别、品牌调性与品牌体验提供创意。当时的首席营销官大卫·格拉索(Davide Grasso)请我就耐克的品牌创意精神做一次演讲。我和我的团队一起准备了演示内容,生动展示了我们需要传达给消费者的众多品牌特色。我将跟在一位演讲嘉宾后面出场,但大卫不肯告诉我那人是谁。从大卫兴奋的表情不难猜出,这位神秘嘉宾非常特别。

上场的时候到了,篮球巨星"魔术师"约翰逊走了出来,让所有人都大吃一惊。他讲述了自己在 1980 年 NBA 冠军总决赛第六场比赛中如何夺得了历史性的四十二分。在对战费城 76 人队的那场比赛中,约翰逊临时顶替意外受伤的中锋"天勾"卡里姆·阿卜杜勒-贾巴尔(Kareem Abdul-Jabbar)上场,"魔术师"的传奇就此诞生。那天晚上,他在每个位置上都打得十分出色,还发明了他自己版本的"天勾",也就是所谓"小天勾"。约翰逊传递的讯息十分明确:贾巴尔受伤后,每个人都觉得败局已定,可他没有。濒临险境、困难重重的时候,正是你需要拿出最佳表现的时刻。

灵感

　　跟在那样的传奇人物后面出场，我怎么可能吸引观众的眼球？不过，我也有自己的王牌在手。为了说明品牌建设对耐克品牌与业务增长的重要意义，我邀请了斯科特·托马斯（Scott Thomas）做演讲嘉宾。他是2008年奥巴马总统竞选的设计总监，还是《设计奥巴马》（Designing Obama）一书的作者，书中汇集了那场历史性竞选背后的艺术、设计和故事。鉴于有些人可能会认为这是把政治带进职场，我这么做是有点儿冒险的。但我觉得，可以通过精心安排，让大家关注故事本身，以及能从中学到东西。

　　在过去的总统竞选中，品牌建设和视觉传达设计[1]从未发挥过如此重要的作用。整个竞选活动的支柱是奥巴马的个人标志：一个标志性的蓝色字母O，字母下半部分是一面红白条纹的旗帜，灵感源于初升的旭日。如此鲜明的候选人标志可谓前无古人后无来者。它之所以大获成功，不仅仅因为它简洁又富于情感，还在于它可以为不同受众量身定制。斯科特及其团队为十二个社群打造了不同版本，还为美国各州共打造了五十个不同版本。

　　斯科特谈到了运用设计创造一种视觉语言，不但要与候选人想传达的讯息相匹配，还要突显并放大那些讯息，并通过色彩、字体和图形的组合，给人们带去希望、乐观和信念。他设计的图标不是简单地在"08"旁边加上候选人的名字，而是真正地代表候选人本人。斯科特及其团队非常清楚，为什么奥巴马能引起各行各业人士的共鸣。他们的工作就是创造出能体现这种感觉的图标。他们知道，如果他们的工作做得

---

1. 视觉传达设计（visual communication design）：主要研究视觉领域内各类图像信息的沟通与传达，通过对视觉语言的核心（图形、文字、影像、信息）的研究，探讨视觉设计与生活、文化的关系。

好，如果候选人能为视觉效果赋予必要的意义，他们创造出的图标就能体现奥巴马支持者的感受。

说到底，我请来斯科特做演讲嘉宾，并不是为了跟"魔术师"激动人心的比赛故事（我承认，那是体育史上最伟大的故事之一）打对台戏，而是为了展示创造传奇所需的技巧和投入，无论是在球场上还是在竞选中。

保持专注，追求卓越

运动员们常常提到他们在进入赛场时会板起面孔，保持严肃。这能彰显他们的专注、决心和动力，表明他们眼中只有一个目标。脸上的表情反映了他们心中的感受，表示他们已经准备好了，什么也无法阻止他们。你的品牌识别，也就是你向世人展示的东西，就是你进入赛场时的表情，也是消费者在看见你时看到的东西。在幕后，你可能会不惜一切、认真专注地为竞争做准备，但如果不向消费者展示你的这一面，他们看到的就是一个毫不专注、缺乏兴趣的选手。我们该如何向世人展示自己？这一点非常重要。世人如何看待我们的品牌，决定了他们对品牌的依恋程度。这种依恋不可能无中生有，必须随着时间的推移不断强化。品牌需要一个符号，代表你设定的标准。无论消费者在什么地方、以什么方式与你的品牌互动，都必须能立刻感受到这个标准。他们必须知道，你的品牌涉及的每样东西，包括每则讯息、每次宣传、每款产品，都带有你的签名印记。因此，请努力打造品牌识别，持续追求卓越。

"保持专注，追求卓越"基本原则

1. 不仅仅是标志

你的品牌标志起初可能只是个签名符号，但请把它视为品牌未来最重要的一部分，致力于把它做好。它将承载消费者毕生的向往。

2. 画与画框

打造有辨识度的强大品牌框架，但不要让画框抢走"框中之画"的风头。品牌基础是你讲述故事的舞台。框架越强大，故事就越有力。

3. 发型很重要

风格独特但表现不佳，风格只会转瞬即逝，容易被人遗忘。表现优秀但缺乏风格，虽然能得到尊重，但无法超凡脱俗。只有当表现与风格相辅相成时，才能体现出品牌的独到之处。

4. 画中画

要让你的品牌形象有深度，有内涵。让它拥有多层次的内涵。消费者越能看清你是什么样的品牌，他们与品牌的联系就越紧密。

5. 设置场景

消费者走进了哪部电影？参与了哪些场景？为你的品牌和产品打造一个沉浸式的世界，为消费者播放一部能吸引所有感官的影片。更重要的是，你讲述的故事要让消费者成为其中一个角色。

6. 极致简化
有时候，你没说出的东西跟说出的同样重要。打造品牌识别是个加减法练习。揭示最重要的东西，淡化其他。

7. 抓住细节
让最微小的细节也达到最高标准。每个细节，无论多么微不足道，都是讲述你的品牌故事的机会，就像在说："这就是我们的品牌。"随着时间的推移，你对质量的追求将赢得消费者的尊重。

第五章 敢于被人铭记

清晰展示你的品牌价值,让消费者看到你的品牌个性。

我跟耐克联合创始人菲尔·奈特一起上台前,他转身对我说,他看了看我为他和其他嘉宾准备的问题,觉得我们必须"耍些花招"才行。他的意思是,我准备的问题填不满演讲时长。

就这样,我们走上了临时搭建的舞台,赢得了在杰里·莱斯大楼中庭等待的数百名耐克员工的掌声,以及全世界成千上万名在线观看者的掌声。我以前做过很多关于耐克品牌调性的演讲,但没有哪次有这么大的规模,也没有哪次能跟这么多位大佬合作——包括耐克联合创始人菲尔·奈特、韦柯广告公司联合创始人丹·威登(Dan Wieden),以及耐克创新总裁汤姆·克拉克(Tom Clarke)。克拉克是耐克的资深员工,早在1980年就进入了耐克。

没错,在菲尔说出那句话之前,我就感觉压力巨大。现在,我则是汗流不止。

2013年,耐克庆祝了"放胆做"口号诞生二十五年,这个口号是丹在几十年前亲自创造的。我作为耐克全球品牌创意副总裁,要在庆祝活动中主持一场长达四十分钟的讨论会,采访耐克历史与品牌成功背后的三位巨头。鉴于过去二十五年中"放胆做"在耐克广告中惊人的重要性,我知道这一刻对"承前启后,继往开来"有多么重要。在感受这一刻沉甸甸的分量的同时,我也为能站到台上而激动不已,为主持一场振奋人心的讨论会做好了准备。

然而,菲尔在开场前几秒钟告诉我,他对我准备的问题不太满意。

我的心落到了谷底。

我们通过正式发布全新宣传片《放胆做：无限可能》(*Just Do It: Possibilities*)拉开了庆祝活动的序幕。影片通过一连串由明星运动员和名人组成的场景，激励观众挑战自身极限，完美概括了"放胆做"与耐克品牌文化。毕竟，如果不是为了挑战自己去超越极限，做你认为不可能做到的事，"放胆做"还有什么意义？当然，这部影片必须以独特的方式讲述几十年前"放胆做"的故事，还必须引起新一代观众的共鸣。许多品牌为了保持新鲜感，同时拉拢新消费者，会让旧口号或旧格言退役，但"放胆做"三十多年来一直构筑着耐克品牌的基础。如今，它和"对勾"标志一样代表着耐克。耐克没有用其他口号取代它，也没有彻底改变故事本身，而是凭借一次又一次努力，通过全新方式讲述"放胆做"的故事。这句口号像"对勾"标志一样意义深远，其实是有原因的。它不是像多年来的许多品牌格言一样，只能勾起某个年龄层以上的受众的怀旧情愫。你的孩子也像你爷爷一样知道"放胆做"，这才是关键。

全新宣传片赢得了雷鸣般的掌声。随后，我向三位受访嘉宾提出了一系列预先准备的问题。他们的回答和讲述的故事兼具深度与广度，但在回答完我准备的所有问题后，预计的讨论时间还剩下一半。

幸运的是，我还准备了一些快速剪辑的蒙太奇片段，全都来自标志性的"放胆做"广告，原本是打算用来给讨论会收尾的，但我不得不比预期早一些进入那个部分。不过，那些剪辑片段至少给了我一些喘息时间，好思考该提些什么问题作为收尾。第一支广告片是极具传奇色彩的《博知道》，它向全世界介绍了交叉训练这项运动，也是第一支结尾打出"放胆做"口号的耐克广告。我播放完这支广告后，菲尔提到那是他心目中有史以来最精彩的耐克广告之一。它在我心目中也占据同样的地位。这支广告是在我十八岁那年推出的，当时我极度痴迷体能训练。《博知道》让我对耐克品牌形成了强烈的（后来证明是牢不可破的）情感依恋，远远超过我年轻时看过的其他耐克广告。

接下来播放的是1992年推出的《因果报应》（*Instant Karma*）广告。配乐是约翰·列侬的名曲《因果报应》，画面则是普通运动员和职业运动员日常训练的镜头，特别是奥运短跑选手迈克尔·约翰逊。这支广告之所以成功，是因为歌曲的强劲鼓点和副歌（"我们都光芒四射"）与画面完美同步。丹谈起了他如何从列侬太太——小野洋子那里取得了这首歌的授权。

这事实上是丹率领的团队第二次在耐克广告中使用列侬的歌曲。第一次使用的是披头士乐队名曲《革命》（"Revolution"），作为1987年耐克同名广告的配乐。如今的读者可能不记得，那支广告曾引起过小小的轰动（还引出了一场官司）。时隔三十多年再想起来，那似乎有点儿可笑。重点在于，在《革命》之前，各大品牌的广告只使用世界名曲，而不是原创曲目。耐克打破了这一传统（并开创了持续至今的趋势），这就是为什么《因果报应》略带挑衅意味。当然，从1987年到1992年的五年间，文化潮流发生了变化。《因果报应》一经推出就成为经典。

在"放胆做"纪念活动中播放那些广告过了八年后，我现在又在回顾耐克历史上的这些时刻，是因为每支广告片都展示了耐克的品牌调性，并通过向全世界传达品牌故事，反映了品牌的个性与价值观。那些故事在首度问世数十年后仍被人铭记，是因为它们激起了观众心中强烈的情感。《博知道》广告片向所有运动员（而不仅仅是职业运动员）推广了一种全新的训练方式，还提出了一条延续至今的口号。"放胆做"口号的内涵已多次重塑，但那次营销战役的核心永远是观众第一次看到博·杰克逊（以相当搞笑的方式）做各种运动。在《因果报应》广告片中，我们看到了往昔（经典老歌）与现今（运动员镜头）的融合，以及音乐与体育的结合。跨界混搭如今已十分常见，但在当时却很不寻常。音乐和运动是运动员（无论是职业选手还是业余爱好者）不可或缺的伙伴，耐克将两者融合到了一起。

但这只是一个例子，展现了耐克如何借助宣传片推进品牌发展，从不同角度将熟悉的画面介绍给全新观众。说到底，我选择用来庆祝"放胆做"的广告片都是经得起时间考验的经典。历史已经决定了它们的价值，但我想解释它们在耐克品牌故事中的重要性，尤其是对三十多年来已成为品牌一部分的"放胆做"口号的重要性。

采访即将结束时，我向三位大佬提了最后一个问题："三位对下一代讲述耐克故事的人有什么建议？"菲尔的回答引起了我最强烈的共鸣。他拿高尔夫打比方，说作为品牌的故事讲述者，你拥有一套各式各样的球杆，必须根据此刻要打的球来选择合适的球杆。他说："不同时刻需要不同的球杆。"随着时间的推移，这些球杆加起来就构成了品牌调性。游戏不会改变，目标还是一样，但要如何达成目标，取决于你选择什么工具和方式。关于品牌如何运用自己的声音与受众建立联系，我实在找不出更贴切的解释方法了。正如菲尔所说，最后我们可能不得不"耍些花招"，但我确实得到了不少精彩的答案……

品牌个性的镶嵌画

你的品牌就是你的故事，也就是你选择向世人展示产品、创意和服务的方式。但讲述这个故事不止一种方式，因为品牌的特色不止一个。正如任何精彩故事一样，它由众多元素、分支剧情和转折组成。但跟普通故事不一样，品牌故事永远不会终结，你会一直讲述下去。每次你向全世界发布信息，就是在讲述你的品牌故事。照片墙上发布的帖子讲述了故事，品牌网站讲述了故事，营销战役将店铺橱窗、消费者体验、电视广告和社交媒体内容融合到一起，也讲述了故事。

缺少灵魂、激情和内涵的故事无法塑造优秀的品牌，也无法塑造优秀的个人。你可以把品牌想象成一个人。我们每个人都是独立而独特、完整且完备的个体。你就是你的品牌。但如果你深入挖掘任何一个人，就会发现他由各式各样的特质、信念、优点，甚至是矛盾组成。了解一个人不是只了解他的某一点，而是要了解他的全部，至少是他故事中的一大块。他来自哪里，做什么，爱什么，不爱什么，有什么想法和感受，如何看待这个世界。不妨看看你生活中最亲近的人——你的伴侣、孩子、父母、兄弟姐妹，或是你最好的朋友——问问自己，你能不能讲述他们的故事。

对耐克来说，故事总是始于运动员。从过去到现在，运动员都是耐克品牌的基本元素。此外，耐克几十年来选择如何讲述运动员的故事，也构成了品牌的一部分，因为这揭示了品牌的特性、宗旨和价值观。尽管我认为它们在这些年里并没发生剧变，但肯定有所拓展。改变的是耐克讲述品牌故事的方式。就像任何精彩的小说一样，讲述品牌故事有许多方式，也有许多类型。振奋人心的故事，走向卓越的故事，充满幽默的故事，藐视困难、无惧失败的故事……耐克已经探索过许多类型，或者说是媒介，还将探索更多。重点在于，叙事的艺术总在不断变化。情况瞬息万变，有成百上千种媒介在争夺消费者的注意力。没有适合所有品牌的媒介，但有最适合你的品牌的媒介。

品牌可以通过众多媒介塑造自己的个性。不过，广告片一直是讲述深刻故事的有效方式，能够打造亲切内敛的品牌调性，激起受众发自内心的情感。耐克的长期创意合作伙伴韦柯广告公司一直是该领域的佼佼者，擅长通过影片将体育界的洞见转化为沉浸式的叙事。有时候，你可以通过动态影像（尤其是与提升运动表现有关的影像）展示创新科技的优点。在短短的三十到六十秒中，影片能吸引所有感官，进而打动人心。如今，各类流媒体服务触手可及，我们正处于通过影片讲述短篇或长篇故事的黄金时代。影片可以也应该用来进行品牌传播。虽然电视广告对品牌的作用和重要性已发生变化，可用于传播故事的平台和渠道也大大增加，但通过影片讲好品牌故事的核心原则始终如一。

无论你如何定义你的品牌，它包含哪些特征，你选择通过何种方式与世人分享，所有精彩的故事都有一个共同点：它们能调动人类的想象，激起情绪反应。我不在乎你的品牌代表什么行业、什么产品、什么服务，只要你没有试图靠创意引燃想象、激发情感，那就是错失了良机。在接下来的例子中，你会看到我们通过创意叙事实现了上述两个目标。充满创意的不仅仅是故事的内容，还有如何讲述、在何处讲述，以及为什么要讲述。

新岗位与新攻势

我在 2010 年就任耐克全球品牌创意副总裁时，营销界正在经历剧变。我就任的岗位是全新的，设立这个岗位是为了抓住几个新出现的机遇。在本书第二章中，我提到过我要统管若干过去或多或少独立运作的部门。我们的目标是将这些部门整合起来，从一开始就让不同的团队产生化学反应，在创意上协同一致。

不过，推动重组的另一个主要原因是媒体环境发生了剧变。我的新岗位和我们的组织方式都与社交媒体的颠覆性崛起相吻合，尤其是通过这些新平台能直接接触消费者。为了在所有新平台上真正接触到消费者，我们必须让各自为战的团队在创意上保持一致。这将使后续的品牌故事更独特、更有意义，看起来和感觉上也更加一致。迅速发展的多媒体环境从一开始就要求我们携手合作。

被推上这个新岗位后，我必须弄清该怎么做。就职后的第一天，我召集新团队开会，评估高尔夫名将"老虎"伍兹的最新概念片。那支广告将在2010年美国高尔夫球大师赛前播出，影片的构思很简单：拍成对比鲜明的黑白片，伍兹直视镜头，画外音是他已故父亲厄尔的录音。厄尔跟伍兹谈到了责任，然后问他："你学到什么了吗？"这是伍兹停赛一年后耐克为其进行的第一次品牌传播，短片在当年最重要的比赛前发布。这支广告在媒体和球迷中引起的反响两极分化。那可是我踏上新岗位的第一天啊！但在当时，对我和团队来说，它突显了耐克品牌对运动员一以贯之的支持。

先倾听，后引领

2010年，篮球巨星勒布朗·詹姆斯决定离开克利夫兰骑士队，加盟迈阿密热火队，与好友克里斯·波什（Chris Bosh）和德怀恩·韦德

（Dwyane Wade）并肩作战。他以前所未有的电视直播形式披露了这个"决定"。有些人称之为创新并大加赞赏，有些人则大放厥词。此后不久，我们在位于比弗顿的耐克总部园区跟勒布朗会面，讨论我们该如何在本赛季为他的品牌故事注入活力。勒布朗带来了他信任的团队，包括他的亲密好友马弗里克·卡特（Maverick Carter）、里奇·保罗（Rich Paul）和兰迪·米姆斯（Randy Mims），当时他们就像现在一样密不可分。当天会议室里人人情绪高涨，更突显了那一刻的重要性。到了分享本赛季创意方向的时候，我谈到了将全国大讨论重新引回篮球本身。我们的创意构想是展示勒布朗在球场上的超凡天赋和运动能力，以及为什么热爱篮球的人从他身上得到了那么多激励。我和我的团队都认为，最好是打造一支短片，关注勒布朗对篮球的热爱和他万里挑一的技巧，而不是聚焦"决定"引发的争议。通过关注勒布朗在球场上的表现，我们可以将全国大讨论从"决定"引回篮球运动本身。

但勒布朗是带着自己的想法来开会的，他拒绝了我们提出的创意理念。每个人都面色凝重。他明确表示，他想有力地回应批评，而不是回避。他望向会议室里的每个人，提醒我们，打篮球是他擅长的事，现在轮到我们做我们擅长的事了。他的这句话说得清晰有力，让我们所有人都停下了手头的事。总是特意拨冗参加勒布朗年度会议的菲尔·奈特表示，如果这就是勒布朗想要的，那么这就是耐克要做的。这也是屋里每个人的心声。菲尔的观点十分明确：我们不打算回避任何事。我们要直接向勒布朗的批评者发难，放大运动员本人的声音。菲尔提醒我们，这是耐克品牌的核心，这就是我们做的事。

我认为，勒布朗明白这一点。他并没有对我们提出过分的要求，只是让我们做自己擅长的事。不过，很少有运动员明确说出想从我和创意

125

灵感

团队这里得到什么,大多数人都仰仗我们的专业经验。但勒布朗就是勒布朗,他已经准备好反击了。我们听得清清楚楚。

正如我们心知肚明的那样,眼前的挑战在于找出讲述勒布朗故事最有效的方式,同时还要忠于耐克和勒布朗本人。我真希望能告诉你,我们第一次尝试就一举成功。而事实上,尽管耐克和韦柯广告的创意团队都非常优秀,但我们通常不可能第一次尝试就取得成功。创意是需要过程的。

不过,我们有瑞安·奥罗克和阿尔贝托·庞特。他们是韦柯广告负责耐克业务的创意总监,也是极为多产的创意双雄。他们能促使彼此发挥优势,必要时又不怕向对方(或其他人)发起挑战。他们(和耐克)的竞争优势在于,总能推动周围的人(包括他们自己)追寻更优秀的创意。瑞安热爱体育,能洞察其中的乐趣和幽默之处。阿尔贝托则洞悉人性,拥有广阔的国际视野,能为作品赋予深刻的内涵。摆在他们面前的是一项重大任务,但我知道,他们是挑起这份重担的最优人选。

团队最初提出的创意构想是抓住憎恨者对勒布朗的丑化,展示勒布朗在幕后做那些人提到的每件事,整体风格俏皮有趣,揭露攻击的荒谬之处。但大家一致认为,这不是合格的"答案"。如果只是嘲讽憎恨者提出的指控,讽刺只会使整件事显得琐碎无聊。另一个构想是让勒布朗请求人们给予更多仇恨,暗示这能给他带来动力和竞争优势。我想,这个创意大概适合某些运动员,比如那些乐于扮演"大反派"的人,但勒布朗并不属于其中一员。

被"枪毙"的点子有助于你集中关注点,至少能发现哪些构想不管用。后来,我们意识到,我们有意识回避的东西,也就是"决定"本身,正是需要应对的问题。就这样,我们自然而然有了突破。

我该怎么做？

此前的所有创意构想都是围绕"决定"打转，避免直接面对它。或许这正是关键所在？或许我们一直在寻找的答案就是让勒布朗坐下来，亲自回应批评。我们先询问了勒布朗，确保他本人能接受。他向我们保证，他对此百分百支持。于是，我们继续推进，讨论如何让"决定"成为影片的焦点。

就这样，瑞安、阿尔贝托和创意团队最终拿出了短片《我该怎么做？》(What Should I Do?)。短片一开始，勒布朗坐在"决定"直播时坐过的椅子上，穿着跟那天一模一样的衬衫。观众一看就知道，这是对那次事件的回应。但这是对众多批评的回应吗？最初几秒钟，观众无法确定，因为勒布朗低着头。他是要道歉吗？接着，勒布朗开口了。

"我该怎么做？

"我该承认我犯了错吗？

"我该提醒你们，我以前也这么做过吗？"

就这样，观众明白了：不，勒布朗不是在道歉。他直视镜头问道："我该成为你们希望我成为的那个人吗？"没错，勒布朗不欠任何人的。

这并不是说《我该怎么做？》缺少幽默感。幽默一直是勒布朗的个人特色，也是他与人沟通的方式。他有喜欢自嘲的一面，这使他极具亲和力。在艰难时期，幽默总是好事。在短片中，勒布朗问道："我该洗掉文身吗？"接下来的镜头展示了他坐在椅子上，文身师正在去掉他背后"天选之子"（Chosen 1）的文身——"天选之子"是美国著名体育周刊《体育画报》某期封面故事中对他的称呼。镜头切换，勒布朗打扮得像个牛仔，问道："我该接受成为大反派吗？"这些轻松幽默的片段，包

灵感

括他和唐·约翰逊（Don Johnson）搭档的警匪片《迈阿密风云》（*Miami Vice*）[1]的场景，与比较严肃的问题交织在一起，例如："我该不再听取我朋友的建议吗？"暂停片刻。"他们是我的朋友啊。"

无论是荒诞还是严肃的场景，短片都将外人的批评表现得尖酸傲慢。极具讽刺意味的是，除了几个快速剪辑的片段，影片通过不展示体育运动，或者说是不展示勒布朗超凡的运动能力，暗示了批评者的指责与体育无关。影片逐一拆解了那些指控，指出它们毫无意义、再三反复、自命不凡。尤其是当勒布朗问出"我该直接从人间消失吗？"时，那些指控的虚伪性也就昭然若揭。你几乎能听见所有批评者（他们的生计取决于篮球明星勒布朗的一言一行）在大喊："不，不，不！"

说到底，《我该怎么做？》是勒布朗请我们帮他做出的回应。这番回应直接又有力，体现了真实纯粹的勒布朗。正如瑞安当时对我说的那样："最后，我们团队的困惑化为整个创意的核心。'我们该怎么做？'变成了'我该怎么做？'。"片子结尾是个慢镜头，展示了勒布朗腾空而起，跃向篮筐。旁白是重复前面说过的一句话："我该成为你们希望我成为的那个人吗？"

作为一支爆款视频，《我该怎么做？》在当时一度疯传。所有主流体育媒体都把这支短片当作新闻事件一样大肆报道。片中针对的多位人士公开反对这支短片，就连讽刺动画片《南方公园》（*South Park*）也重现了片中片段。这支短片并没能让批评者闭嘴，但它本来也不打算这么做。它是勒布朗做出的回答，也是我们对勒布朗的回答。支持我，帮我

1.《迈阿密风云》：1984年到1990年播出的以毒品犯罪为题材的警匪动作剧集，唐·约翰逊与另一位黑人男星饰演黑白警探搭档。

反击，放大我的声音！我们做到了。

拓展边界

我很少遇到像科比这样的人，他的卓越延伸到了生活中的方方面面。科比将作为史上最伟大的篮球运动员之一被载入史册。在大多数人看来，能有此殊荣已是今生无憾。但在我和这些年来跟他在球场外共过事的人看来，科比更是好奇心、想象力与创造力的典范。只要是进入科比人生轨道的人，都无法忽视他对卓越的不懈追求。

在球场上，科比绰号"黑曼巴"。他是硬木球场上无情的对手，以惊人的三分球和压倒性的防守粉碎了无数球队和球迷的梦想。我对此感同身受，因为科比在2000年西部决赛第七场比赛中击垮了我支持的开拓者队。（啊，我的心至今还在隐隐作痛。）没错，科比是完美的对手，拥有不惜一切代价赢得比赛的自律和动力，也因此攀上了体育界的巅峰。毕竟，"黑曼巴"这个绰号就是科比自己取的！

不仅如此，科比还根据这种致命的非洲毒蛇，打造出了一整套人格和方法论。多年来，科比常常以第三人称说起"黑曼巴"，耐克和广告公司的创意团队早就习以为常。他会这样解释另一自我的心态："'黑曼巴'没有朋友，只有队友。""'黑曼巴'不听音乐，因为那会叫人分心。"他会进一步阐释自己竞争的动力，说起他绝不会让其他任何人取胜，哪怕是在微不足道的小事上，因为他不想同情对手，那对赢得比赛没有好处。

在谈话过程中，科比一次又一次展现出了强烈的好胜心，还提出

灵感

了不少宝贵建议："不要做后备计划。如果有后备计划，你就可能被淘汰。"全身心投入当下，这也是 NBA 球迷（无论是支持还是反对科比）的期待。重点在于，创意团队从运动员身上获得了宝贵的洞见，这些创意源泉造就了当时最受欢迎、最具代表性的耐克营销战役。

大多数球迷不知道的是，尽管科比拥有"黑曼巴"的个性，但同时也具备极强的自嘲能力。他会嘲笑自己的全情投入。这就可以解释，我多年来与许多创意合作者共过事，为什么科比是其中的佼佼者。他拥有强烈的自我意识，这使他能够全身心投入，便于我们围绕他塑造故事。我们渐渐形成了一个创意构想：假如我们利用科比的全情投入，把它发挥到极致，从中找些乐子，那会怎么样？假如我们展示出科比鲜为人知的另一面，那又会怎么样？

我们将这一点牢记在心，纳入众多洞见与事实，在 2012 年 1 月推出了《科比体系：成功者的成功》（*Kobe System: Success for the Successful*）系列短片，配合极具革命性的新款签名鞋——耐克"科比九代"的发布。那一系列短片的核心创意是，科比是一位励志大师，他的全情投入往往让观众感到困惑，而不是得到激励。"成功者的成功"这个名称本身就体现了以下观点：有些演讲听起来令人惊叹，但实际上空洞无物。然而，科比举办的"研讨会"上坐满了极为成功的人士，正是那些最不需要听科比喊口号的人。我说的是网球大满贯冠军小威廉姆斯、橄榄球名人堂运动员杰里·莱斯、喜剧演员阿兹·安萨里（Aziz Ansari），还有励志演讲家与畅销书作家托尼·罗宾斯（Tony Robbins）。在其中一支短片中，英国传奇亿万富翁、维珍集团创始人理查德·布兰森爵士（Sir Richard Branson）在台上与科比谈论他取得的惊人成就。

布兰森："我下过海底。"

科比："我也下过。"

布兰森："我去过外太空。"

科比："我也是。"

布兰森："我觉得我已经活出'成功者的成功'了。"

科比："别客气。"

[掌声雷动]

最后的那句"别客气"塑造了流行文化。从"永无止境"（There Is No Finish Line）到"放胆做"，再到马尔斯·布莱克蒙（Mars Blackmon）[1]说的"肯定跟鞋有关"（Got to Be the Shoes）……在"通过品牌传播将口头禅引入流行文化"这件事上，耐克拥有悠久的传统。现在，感谢科比，我们可以把"别客气"加入上述清单了。

"科比体系"展现了科比截然不同的另一维度，既有好胜的一面和另一人格"黑曼巴"，同时也充满了自嘲。其中一些短片甚至没有提到篮球。你可能会想，"科比体系"营销战役是怎么推进耐克品牌发展的？或者更直接地说，这跟耐克的品牌个性有什么关系？首先，那一系列短片展示了科比本人不同的个性特点。在这次营销战役之前，人们只认得科比在球场上的形象——黑曼巴，好胜心能与乔丹媲美的勇猛的对手。但现在，观众看到了科比的其他侧面，尤其是他幽默的一面。是的，他在球场上会击垮你，但你也能看见他全情投入背后的幽

---

1. 马尔斯·布莱克蒙：首次出现在1986年斯派克·李执导和编剧的电影《稳操胜券》（*She's Gotta Have It*）中，该角色由斯派克·李本人饰演，后出现在20世纪八九十年代与"飞人"乔丹共同拍摄的耐克广告中。

默,而且是在最佳时机展现出来的。营销战役中还有一些短片真的对人们有帮助。例如,科比会传授你宝贵的篮球技巧。换句话说,科比希望跟别人分享他的天赋和对篮球的热爱,尤其是跟年轻一代分享。虽然他在球场上永远是"黑曼巴",但在球场之外,他拥有极强的好奇心和创意合作能力。

通过上述方式,此次营销战役拓展了科比品牌个性的边界,用更完整的画面补全了他的个性特质。同样,耐克也通过展示旗下近乎超人的运动员,以更有人情味、平易近人的方式拓展了自身品牌的边界。体育营销通常近乎塑造偶像,会将运动员塑造成触不可及的大理石雕像。在这样的展示过程中,偶像背后活生生的人消失了,你我这样的消费者在想到自己最喜爱的运动员时想感受到的共鸣也消失了。我们不想崇拜他们,而想从他们身上得到激励。大理石雕像做不到这一点,但活生生的人能做到。

大师课前的大师课

"科比体系"营销战役被纳入了探讨品牌调性的这一章,是因为它采取了前所未有的媒体与内容分发策略。耐克品牌传播负责人恩里科·巴莱利和韦柯广告的传播策划负责人丹·肖内克(Dan Sheniak)制定了一套策略,最终创造出了一系列短片。主宣传片中,每位成功人士都有单独与科比交流的三十秒片段。此外,尽管"科比体系"极富娱乐色彩,提及的篮球知识与技巧却一板一眼。我们的想法是打造一套内容体系,反映科比系列鞋款设计的体系。我们制作了一系列视频课程,就像大师课一样，每天发布一堂课，并在体育台 ESPN 每周的《体育中心》节目中做推广。科比全方位参与了所有视频内容的制作，每堂视频课都会加深你的在线体验。课程中充满实用的篮球技巧，能真正让你成为更优秀的球员。整个篮球赛季中，我们还有一支团队每天都在推特上发布与热门话题相关的内容，既印证了科比体系，又将其付诸实践。正式的营销战役落幕后，孩子们自发延续了下去，继续上传自己制作的内容，并且宣布"我在用科比体系"。

通过使用像 YouTube 这样的视频分享平台，我们得以直播品牌内容，由此吸引的消费者人数是电视广告根本无法比拟的，更让同行业的竞争对手望尘莫及。（那时，YouTube 已经推出了与品牌合作的服务条款。）"科比体系"如果投放电视广告，或许也能取得成功，但影响范围会大大缩小。让那场营销战役脱颖而出的是，耐克利用了全新内容平台提供的不断扩展的机会。我们得以接触到原本会错失的受众（主要是年轻人），通过全新的数字领域扩大了品牌的影响力。

活出你的伟大

耐克经常通过各种形式发声，为全新受众推开体育运动的大门。耐克始终坚持认为，体育是为所有人服务的，而不仅仅为少数人服务。在耐克的历史上，有很多例子能展示它为超越"运动员"传统定义所做的努力，但没有哪个例子能像 2012 年《活出你的伟大》（*Find Your Greatness*）宣传片那么有效且有针对性。

奥运会一向是耐克推出重大营销战役的良机，也就是为全新（通常也更年轻）的受众重新讲述故事或重新定义自身品牌。2012年的伦敦奥运会正是这样一个良机。我和团队紧紧抓住耐克品牌使命宣言中的一句话："只要有身体，你就是运动员。"毕竟，奥运会是为了庆祝人类的体育精神，是全人类共同参与、共同分享对体育的热爱的时刻。不过，奥运会展示的是全人类最优秀的运动员，我们则想利用这个机会突出耐克的一大核心宗旨。更重要的是，我们看到了为其他人重新定义伟大的机会。说到底，"伟大"是相对的。使我们每个人成为伟大运动员的因素，正如使我们每个人成为独特个体的因素，是多种多样的。于是，"活出你的伟大"营销战役应运而生，它是到当时为止耐克覆盖地域最广的活动。

伦敦无处不在

在营销策划会议上，韦柯广告的阿尔贝托·庞特提到了一件事：世界上至少有二十九座城市叫伦敦。这本来只是一件无聊的琐事，却成了开启整场营销战役的钥匙。如果世界上最伟大的运动员都在英国伦敦参加比赛，那么在世界各地的其他伦敦，运动员们又在做些什么呢？他们肯定也在以自己的方式活出伟大。这个洞见给了我们完美的创意源泉，进而我们推出了一场核心构想是"伟大无处不在，人人皆可伟大"的营销战役。

宣传片一开始展现了一座水塔，位于美国俄亥俄州的伦敦小镇中心。通过快速切换的镜头，观众看到了老少不等的运动员在牙买加、印度、尼日利亚等国的伦敦做着各类运动。随后，演员汤姆·哈迪（Tom

Hardy）献声的画外音响起：

"这里没有盛大庆典，没有演讲，没有聚光灯。但这里有伟大的运动员。一直以来，我们只相信伟大是属于少数人的，只属于那些巨星。但其实，我们都可以伟大。这并不是说要降低伟大的标准，而是要提升我们每个人的潜能。伟大，不限地点，不限身份。伟大，属于每一个正在追寻它的人。"

宣传片最后是个站在奥运会跳台上的小男孩，画面上打出了这次营销战役的口号"活出你的伟大"。小男孩挠着脑袋，犹豫不决，显然不确定该不该往下跳。毕竟，跳台很高，离水面很远。接着，他纵身一跃。

请回想一下你自己第一次高台跳水的情景。如果你跟大多数孩子一样，可能只是从跳台边缘往下瞄了一眼，就想顺梯子爬下去了。如果你不愿意跳，没有人能逼你跳。片中的小男孩不是被逼的，而是被赋予了力量。他纵身一跃，不确定结果会如何，因为他感觉到了冲动，受到了激励。这一跃对他来说意义深远。他知道，浮出水面后，自己将焕然一新。这一跃不是终结，而是奇妙之旅的开端。

慢跑者

一条乡间小路。苍蝇嗡嗡直叫。炎热潮湿的盛夏，可能是清晨，也可能是傍晚。远处有一名孤零零的慢跑者。当慢跑者离镜头越来越近时，响起了哈迪献声的画外音：

"伟大，不过是我们编造出来的。一直以来，我们只相信伟大是

135

一种天赋，是属于少数人的，只属于那些巨星。我们其他人只能在一旁观望。你可以忘掉这些。伟大并非写在基因里，也不是什么稀罕玩意儿。对我们来说，伟大并不比呼吸特别。伟大，属于我们每个人。"

随后，在慢跑者的最后一个镜头画面上，叠映出了行动号召"活出你的伟大"。片子放到一半，观众就发现，慢跑者是个十二岁的小胖墩。也许是我偏心吧，但我觉得《慢跑者》叙事技巧高超，完美阐述了"活出你的伟大"营销战役的要点（重新定义伟大），同时也拓展了耐克的品牌个性。

当然，关键在于片中的慢跑者内森·索雷尔（Nathan Sorrell），如何描述他才是重中之重。因为我们是在刀尖上寻找平衡，要么是催生感人至深的瞬间，要么是被指责为对某些人群不够敏感。在具体执行过程中，我们要做出许多微妙的创意决定，从服装和艺术指导，到地点和音效设计。正如本书前一章中提到的，在品牌识别这方面，创意过程的最后百分之十往往决定了你能否切中要害。

说句题外话，在宣传片推出八个月后，内森受邀登上了《今日秀》（Today）。在节目中，他谈到了自己如何受到片子的激励，成功减掉三十二磅[1]。回想当初，他告诉主持人："我至今不敢相信，当时的我是那样的，而现在的我是这样的。"

没错，这就是伟大。

1.磅：英美制质量或重量单位。1 磅=0.4536 千克。

品牌邀请函

"活出你的伟大"有多重含义。但首先，它不仅仅是给超级巨星的邀请函，还是给非运动员和非体育迷的邀请函。我们所做的事，是将伟大之人进一步提升，将他们变成激励人心的偶像。但是，尽管耐克的广告将观众带往世界各地的伦敦，在片中却看不到任何一位超级巨星，只能看见人们在"玩"，在骑自行车，在球场上打棒球或是玩橄榄球。你还记得自己纯粹在"玩"的时候吗？

品牌需要不断寻找充满创意的做法，邀请更多人进入自己的世界。这就需要掌握文化脉搏，了解潮流、风尚和塑造它们的艺术家。更难掌握的技巧是，要找到这些文化标志与体育的交集，为不一定对你的品牌所在领域感兴趣的人打开大门。当然，在某些情况下，这种技巧也可以倒过来用：将往昔带到现今，让新老两代人聚到一起。试着走在文化潮流前列，往往有助于邀请年轻消费者；挖掘往昔与怀旧，则有助于邀请老一代；将上述元素混搭起来，则能拉近两代人的距离。

耐克经常以混搭的方式使用音乐。从在现代背景下使用经典老歌，到与最热门的打碟手合作混音，再到起用尚未爆火的音乐人，耐克（与韦柯广告携手创作）的广告片总是通过画面和音效讲述故事。在2002年世界杯的耐克宣传片中，荷兰打碟手JXL将"猫王"（Elvis Presley）的老歌《少些言语》（"A Little Less Conversation"）重新混音，展示了世界顶尖足球运动员之间的秘密竞赛。美国知名导演迈克尔·曼（Michael Mann）执导的2007年耐克广告片《拼尽全力》（*Leave Nothing*），则采用了电影《最后的莫希干人》（*The Last of the Mohicans*）的主题曲《海角》（"Promontory"）作为配乐，展示了橄榄球运动员肖恩·梅里曼（Shawne Merriman）和史蒂文·杰克逊（Steven Jackson）的攻防表现。此外，我们还请音乐人 Andre 3000 翻唱披头士乐队的《现在大家一起唱》（"All Together Now"），作为 NBA 总决赛季后赛播出的耐克广告片配乐，展现了科比在为湖人队争夺下一个冠军过程中的精彩表现。

这些广告片能拨动观众的心弦是有原因的。音乐或许比其他任何创意媒介都更能打动我们，让我们牢牢铭记并聚到一起。

时机至关重要

2015 年，芝加哥小熊队的进度比计划提前了。我是说，这个棒球俱乐部将目光投向了世界大赛[1]。曾带领波士顿红袜队赢得冠军的小熊队总裁西奥·爱普斯坦（Theo Epstein）在打造球队，想要在 2017 年或 2018 年进入 10 月的世界棒球经典赛[2]。但小熊队比原计划提前了，在 2015 年常规赛中打出了第三好的成绩，并在季后赛中赢得了一个外卡席位[3]。接着，他们在外卡赛中击败了匹兹堡海盗队，随后又在分区赛中战胜了圣路易斯红雀队，两次都打出了四战三胜的好成绩。就这样，小熊队打进了国家联盟冠军大赛，这是自 2003 年以来头一次，而小熊队

---

1. 世界大赛（World Series）：美国职业棒球大联盟每年 10 月举行的总冠军赛，是美国以及加拿大职业棒球最高等级的赛事。
2. 世界棒球经典赛（World Baseball Classic）：美国职业棒球大联盟与国际棒球总会共同策划的国际棒球大赛，首届比赛于 2006 年举行。
3. 外卡席位（wild card spot）：指比赛中额外进入冠军争夺赛的关键名额。

第五章 敢于被人铭记

从 1945 年起就没有获胜过。小熊队离世界大赛还差四场胜利。

耐克当然不会错过这个千载难逢的机会。小熊队从 1908 年起就没有赢得过世界大赛，如果这一次能夺得总冠军，将是体育史上的一大壮举。于是，我们立刻着手编写了一个故事，庆祝这个很有可能（但也只是"有可能"）实现的壮举。短片很简单：一个十几岁的男孩穿着小熊队的队服，边自言自语边走上某个街区的投手丘。外野后面的芝加哥天际线清晰可见，配乐是美国乡村歌手威利·纳尔逊（Willie Nelson）演唱的《时光飞逝》（"Funny How Time Slips Away"）。这个孩子在做一件不可能做到的事：独自一人打棒球。他朝看不见的击球手投出球，将球击出界外，试图在看不见的投手牵制封杀前跑上三垒。当男孩将球向左侧远远击出时，我们听见体育播报员哈里·凯瑞（Harry Carey）[1]在电台上的呼喊："好远！可能会飞到这边……小熊队赢了！小熊队赢了！"男孩在本垒上又蹦又跳，画面上浮现出以下文字："再见，有朝一日。"

只可惜，"有朝一日"不是那一日……也不是那个赛季。纽约大都会队在四场比赛中横扫小熊队，我们不得不搁置了这支广告，也许是永远。我是说，没人能打包票说小熊队一定会夺得世界大赛总冠军。幸运的是，就在第二年，小熊队做到了。在世界大赛史上最伟大的第七场比赛中，小熊队击败了克利夫兰印第安人队，阔别一百零八年后第一次为芝加哥夺得冠军。而我们早就准备好了想要讲述的故事（尽管比原计划晚了一年）。

与"活出你的伟大"营销战役一样，《有朝一日》庆祝的并不是超

1.哈里·凯瑞：美国体育播报员，因 20 世纪八九十年代在芝加哥老牌电台 WGN 上转播芝加哥小熊队的棒球比赛而闻名。

139

级巨星。它是在向长期以来备受煎熬的小熊球迷致敬。不仅如此，那支短片还展示了棒球对我们美国人的意义。我们许多人心中都住着一个孩子，穿着自己最喜爱球队的队服，梦想那支球队有朝一日能横扫千军。

品牌何时发声，与发声内容和发声方式同样重要。《有朝一日》是"撞上绝佳时机"的极端案例，但我想用它来强调更重要的一点：把握时机说到底就是未雨绸缪。《有朝一日》就像《我该怎么做？》一样，是我们在对无法控制的事件做出回应。这是与"科比体系"截然不同的挑战。"科比体系"是纯粹的创作，源于与科比的对话，以及审视我们作为品牌方想实现的目标。但当你回应某个事件时，最大的挑战在于弄清你想如何回应。那番回应将如何展示你的品牌、价值观、愿景和企业发展方向？那个事件与你的品牌特色有哪些交集？最后，那个事件究竟重要在哪里？我们本可以轻而易举地发布一支广告片，用上多年来拍摄的小熊队老镜头，或许再加上一些棒球名人堂成员的画面，大肆庆祝芝加哥小熊队这个团队。但恰恰相反，我们庆祝的是每个人内心的孩子，那个没有被"失败诅咒"或多年失望拖垮的孩子。短片里的孩子代表了一百多年来所有希望小熊队获胜的孩子。

未雨绸缪也有另外一面，不那么被动的一面。我指的是组织内部需要做的准备。当事件发生或时机降临时，你是否拥有适当的流程与架构，能够随机应变，推出激发情感的故事，除了对事件本身做出回应，还能拓展你的品牌个性。本书第二章谈到了耐克进行的重组，那就是为了能迅速应对小熊队赢得世界大赛这样的事件，或是预测这类事件的发生。这要比迅速扭转局面困难得多。它关系到组织的内部结构，关系到组织能否预见时机的到来，将其视为重中之重，放在其他预先安排的活动之前，也关系到你是否总在问"假如"。这才是未雨绸缪，而不是被动等待。

敢于被人铭记

　　作为品牌故事的讲述者，我们在工作中真正想做的是什么？我们想创造的东西是不是只顾眼下，只顾推销自己的产品或服务？我之所以用"敢于被人铭记"作为本章标题，是因为值得讲述的故事都不该被遗忘。我们试图通过讲述一个个故事，让品牌鲜活起来。我们希望这些故事能引人深思，逗人发笑，揭示一些更为深刻的东西，揭示我们自己和我们所生活的世界。我们希望它们能引起观众的共鸣，让人感同身受。简而言之，我们希望这些故事值得铭记。我们的作品不该随着我们消逝，而应该继续存在，一遍又一遍重述品牌故事。就像年轻一代发现某部经典名著一样，只要有人阅读，那些文字就永远不会消亡。因此，你也该努力打造有故事的品牌，让它在你离开后还能引发人们的共鸣。

"敢于被人铭记"基本原则

1. 揭示灵魂

拉开帷幕,清晰展示你的品牌价值,让消费者看到你的品牌个性。他们会对品牌充满人情味的一面做出反应。

2. 拓展边界

你的品牌调性不该静止不变,而应该不断变化,混合众多特质、信念与激情。通过展示不同特质,你的亲和力将成为邀请消费者了解品牌的终极武器。

3. 先倾听,后引领

你会有很多种方式表达想法。在此之前,请倾听你服务的对象,了解他们的背景和使命,看清他们为实现梦想所面临的挑战。

4. 让人深有所感

当我们不过于担心别人的看法,而是试图让他们深有所感,意识到他们自己也能实现"伟大"时,我们就会处于最佳状态。

5. 迎接挑战

不要放弃自己的创意,但要欢迎各类不同观点。为了打造出令人难忘的故事,在创作过程中要欢迎争论。

6. 未雨绸缪

不要等到重要时刻来临再采取行动。事先做好规划，创作出关键时刻能派上用场的故事。

第六章 切勿追逐炫酷

充分利用你的文化遗产。品牌的最初使命让你走到了今天，所以请牢记你当初为什么受人喜爱。

灵感

> 如果这是经典，就能流传永远
> 我的高度你难以企及，我的能力前所未有
>
> ——《经典（能力前所未有）》

  这首歌第一次也是唯一一次现场演出是在 2006 年 12 月，地点是纽约市的哥谭大厅（Gotham Hall）。拉金姆（Rakim）、坎耶·维斯特（Kanye West）、纳斯（Nas）和 KRS-One 这四位说唱歌手在一个极其狭小的舞台上，为大约五百名受邀请参加耐克特别活动的来宾演唱了这首歌曲。上述任何一名歌手的粉丝都能填满比哥谭大厅大许多倍的场地，但他们都来到了这里，与耐克共同庆祝一款标志性产品的周年纪念日。在那个曾经是银行的大厅里，穹顶天花板底下的椭圆形房间被改造成了一个舞台和一间展厅。

  来宾们走进一只巨大的白色鞋盒里，然后穿过一条灯火通明的走廊。这条走廊绕椭圆形会场内部一圈，墙壁上排列着一千七百双运动鞋，将来宾们引向演出场地。虽然这场活动仅限受邀来宾参与，但 MTV（全球音乐电视台）现场录制了四位传奇艺术家的表演，并在几周后播出。四位说唱歌手都献上了自己的独家曲目。无论是过去还是未来，他们都不可能再同场演出——观众们深知这一点。无论是过去还是未来，那些运动鞋都不可能再聚到一起——观众们也深知这一点。这就是本次活动的重点，

也是我们称其为"仅此一夜"（1 Night Only）的原因。只有这一刻，我们聚在一起。既有篮球巨星帕特里克·尤因和拉希德·华莱士（Rasheed Wallace），也有美国知名导演斯派克·李，大家共同庆祝我们都喜爱的东西，我们都尊重的东西，我们都相信这是性能与格调达到巅峰的东西。

所有这些竟然是为了一款鞋，这听起来似乎有点儿疯狂。但这就是"空军一号"的力量，它是史上最重要的球鞋。

打造标志性产品

作为当时耐克品牌设计部的负责人、公司代表和"空军一号"的长期拥护者，我也在现场观看演出。就像20世纪80年代的许多青少年一样，我与耐克"对勾"标志的关系与篮球梦相伴相随。1984年，我加入了高中的新生篮球队。我的运动能力还算不错，只可惜起跳投篮的命中率低于平均水平。不过，我没有努力磨炼打球技术，只想模仿在电视上看到的超级巨星，尤其是当时费城76人队的中锋摩西·马龙（Moses Malone）。前一年，也就是1983年，马龙带领费城76人队摘得了NBA冠军。那个赛季他穿的是什么鞋？是红白相间的"空军一号"。

当然，我必须拥有一双属于自己的"空军一号"。父母给我买了几双二手的高帮"空军一号"，我对它们一见钟情。每次穿上它们，系上鞋带，我都会充满自信，相信自己能飘在空中。因此，不管说起来多么异想天开，我的篮球梦都在慢慢滋长。当然，我很快意识到，哪怕是"空军一号"也没法提高我的起跳投篮命中率。不过，我还是喜欢那些鞋。那是我对一个品牌情感依恋的开端。

灵感

而且，不光我一个人是这样，远远不是。

耐克在1982年推出了首款"空军一号"。当时，耐克以跑鞋著称，而篮球鞋的设计与跑鞋截然不同。耐克设计师布鲁斯·基尔戈尔（Bruce Kilgore）开始设计首款"空军一号"时并没有参考跑鞋，而是从耐克的登山靴中找到了灵感。他表示，原因在于登山靴注重灵活性，旨在为各种动作提供支撑，而跑鞋设计出来只为做一种动作——先是脚跟落地，然后是脚尖落地。篮球运动员在球场上做各种动作，尤其是以一只脚为中轴转向的动作，需要一款能提供支撑、穿着舒适、功能多样的鞋。整个创作过程中，布鲁斯都是"为场上表现而设计"（designed for performance）的。这意味着"空军一号"是为篮球运动员打造的，而且只为篮球运动员打造。球员们是否同意这一点是另一回事，但这款鞋从一开始就极其真诚。布鲁斯创造出了若干针对篮球的设计特色，包括全新的圆形鞋底纹路，使球员能够自由旋转而不会打滑。当然，我小时候记得最清楚的创新是鞋跟里的气垫。"空军一号"的第一则广告语就强调了这一点："从本赛季开始，空气将按盒出售。"印有这条标语的海报上只有一只白色的"空军一号"鞋盒，盒子上摆着一颗篮球。海报充满神秘感，同时也点明了主旨。

当然，正如人们所说，空谈不如实证。"空军一号"并非耐克推出的第一款篮球鞋。早在1972年，耐克就推出了"开拓者"（Blazer），但它在篮球市场上没有多少存在感。1982年NBA赛季开始时，耐克深信"空军一号"能大展拳脚。六名NBA球员被选为这款鞋的代言人——费城76人队的马龙和鲍比·琼斯（Bobby Jones），洛杉矶湖人队的迈克尔·库珀（Michael Cooper）和贾马尔·威尔克斯（Jamaal Wilkes），以及波特兰开拓者队的卡尔文·奈特（Calvin Natt）和迈克尔·汤普森

（Mychal Thompson）。这六名后来被称为"最初六人"（Original Six）的球星在耐克为"空军一号"打造的唯一营销大作中获得了永生。在那幅海报上，六名球星身穿全白飞行服站在停机坪上，背景是红彤彤的天空和一架喷气式飞机，海报底部写着"空军一号"几个字。这幅海报和海报上的球员是如此具有标志性，以至于几十年后，日本玩具公司迈迪蔻玩具（Medicom Toy）推出了一套包含全部六位球员的可活动关节手办。

那幅海报当然提升了"空军一号"的知名度，但什么也比不过六名球星在场上的英姿。尤其是马龙，他在一年后带领费城76人队夺得了NBA冠军。这个时候，通常的营销策略是找马龙拍个广告，展示刚刚夺冠的他足蹬"空军一号"的英姿。不过，耐克并没有这么做。事实上，在"空军一号"四十年的历史上，耐克从来没有为它拍过一支广告片。它不需要。就这样，耐克凭借一款极其成功的球鞋打入了篮球市场。时至1984年，随着耐克开始设计下一款篮球鞋Dunk，"空军一号"已经停产。这在当时是正常的业务流程，哪怕"空军一号"的市场需求量仍然很大，但它已经是明日黄花了。

不过，历史并没有沿着这条轨道发展。市场上对"空军一号"的需求量大到连经销商都呼吁耐克重新投产。此时，这款鞋已经引起轰动，市场稀缺性无疑对此大有助益。尤其是在年轻人中间，这款鞋被推上了神坛，只有匡威的Chuck Taylor帆布鞋能与之媲美。只不过，很多穿着"空军一号"的年轻人都来自95号州际公路[1]沿线的城市，从费城到纽

---

1. 95号州际公路（I-95，全称Interstate 95）：美国东海岸的交通大动脉，南起迈阿密，北至缅因州，直达加拿大边境，全长约三千零九十千米，穿越十六个州，串联起美国东海岸几乎所有重要城市，包括波士顿、纽约、费城、华盛顿、迈阿密等。

灵感

约。这款鞋从球场走上了街头，不再仅仅是能提升竞技表现的篮球鞋，而成了一种标志，成了真诚与文化共鸣的象征。1986年，耐克终于向依然白热化的市场需求低头，宣布推出"空军二号"（Air Force 2）。

如今，现存的"空军一号"有一千七百个版本，除了配色和材质，其他基本没有变化，而且仍在量产。对一款至今没拍过一支广告片的产品来说，这个表现可以说是相当抢眼了。

尊重遗产

最初打造这款鞋的团队绝对无法想象"空军一号"如今的标志性地位，以及它对未来体育与格调文化的影响。一代又一代运动员和鞋迷热爱这款鞋，对它怀有深深的敬意。为什么会这样？是什么让"空军一号"对这么多人如此特别？为什么哪怕是四十年后，这款鞋仍然能引起持久的文化共鸣，显得格外与众不同？

品牌能够造就文化标志，虽说这种情况少之又少。从很大程度上说，标志性产品是由消费者决定的，而不是由品牌决定的。从很多方面来看，品牌无法预测消费者会把什么推上神坛。但我们可以从真诚洞见出发，设计出目的明确的产品和故事；如果一项创新想要脱颖而出，与受众建立更深层的联系，就必须从这里起步。"空军一号"乃是绝佳案例。它的设计指导原则是满足运动员的需求。它能在此后推出的其他篮球鞋中脱颖而出，其重要原因就在于它独特的造型源于追求功能。从这一点出发，耐克并没有拼尽全力围绕"空军一号"打造品牌共鸣，但绝对是竭力保护自己打造的标志性产品，具体做法就是尊重这款鞋和所有

第六章 切勿追逐炫酷

喜爱它的人。

如果你深入挖掘"空军一号"的历史，就会发现，从一开始就将它定位为"为篮球运动员打造、帮助他们提升表现的鞋"有多重要。这个定位是通过讲故事和运动员来实现的，并最终在市场、球场和消费者心目中落地。"空军一号"并没有像后来的耐克篮球鞋那样，与某位特定的运动员联系在一起。事实上，耐克用了六位不同的球员，其中每一位都有自己的比赛风格，在球场上的位置也各不相同。这是为了强调"空军一号"适合每位篮球运动员。最初，这款鞋必须在没有大牌明星支持的情况下拿出优异表现，而它也确实做到了，因为早期测试者常常不肯寄还产品。还有一个事实也强化了"空军一号"的定位，那就是马龙和其他职业球员都将这款鞋纳入了自己的私人收藏。他们不但穿"空军一号"，还穿着它赢得了比赛。消费者被这一点深深吸引，也被这项创新深深吸引。事实证明，这种创新是球场上一股不可小觑的力量，这款新产品得到了职业球员的认可——不是通过公开的企业赞助，而是通过球场上的真实表现。

多年来，耐克让这种真诚为自己代言，并没有为这款鞋和穿它的球员大做营销。我认为，这让鞋与消费者之间形成了自然而然的情感联系。通过在营销上隐忍克制，耐克提升了"空军一号"的真诚度，促使人们穿着它走上了街头。

这就把我们带回了"空军一号"二十五周年纪念日，以及一场名为"仅此一夜"的大型品牌活动，它恰好也是这款鞋新版的发布会。当时我身为品牌设计负责人，我们面临的挑战十分明确：如何庆祝"空军一号"的标志地位，而不削弱它留下的遗产？迈克尔·谢（Michael Shea）当时是我团队中的一名创意总监，负责讲述"空军一号"的故事。在回

151

灵感

顾那一重要时刻时,他做了一个贴切的类比:"从一开始,我们就必须考虑一个事实,'空军一号'已经变得很像经典的李维斯501牛仔裤,一款被几代人重新选择的标志性产品。"

然而,庆祝"空军一号"就意味着,关于这款对许多人来说意义重大的球鞋,我们将打破耐克一直以来在营销上的隐忍克制。自"空军一号"1982年首次亮相以来,社会文化(尤其是青年文化)已发生剧变,营销过度会使消费者心生厌烦。对年轻消费者来说,少即是多。给所有东西都打上你的商标,只会削弱消费者的情感依恋。我们如果在举办"空军一号"周年纪念活动时不够谨慎,很可能会损害我们想庆祝的东西,而没有谁想要削弱"空军一号"留下的遗产。

产品才是主角

无论是著名说唱歌手现场演出,还是 MTV 音乐台现场录制,或是巨型白色鞋盒充当活动入口,都不能摆在"空军一号"之前。这款鞋才是主角。无论我们决定做什么,经典的全白"空军一号"都必须是关注焦点。我们最初的计划是展出有史以来最多的"空军一号"藏品,其他活动都围绕这一点展开,就像行星绕着太阳转一样。起初,我们去耐克档案部(Department of Nike Archives,简称 DNA)收集尽可能多的不同版本的"空军一号",但即使是那里也没有集齐全部一千七百个版本。于是,我们将搜索范围扩大到了世界各地的球鞋专业藏家,询问他们是否愿意出借自己珍藏的"空军一号"——这就像请母亲出借自己的孩子!那些收藏家都非常警惕,不愿让任何企业(哪怕是耐克!)带着自己的藏品到处旅行。我们给出的解决方案是出借时间——仅此一夜。很多人答应了。于是，我们就有了可供展出的藏品，也有了周年纪念活动的焦点。

在那之后，庆祝活动的其他主要元素逐渐就位，包括地点。哥谭大厅其实是曾经的老格林尼治储蓄银行的一个房间，该银行已于1981年关门歇业。那栋建筑的外观是20世纪二三十年代流行的古典风格，三侧竖有科林斯式立柱，带有罗马风格的穹顶。开展金融服务的中央大厅呈椭圆形，高耸的穹顶华丽雄伟，一圈出纳窗口将旧式金库围在中央。实在太完美了！要突显保护"空军一号"形象的重要性，没有比银行更妙的地方了，因为"空军一号"乃是无价之宝。每一寸空间都被用来讲述"空军一号"的珍贵，以及为什么它留下的遗产必须得到保护。它的价值不在于价格，而在于这么多人对它的依恋。回忆、重要时刻、未来——这些才是"空军一号"最为珍贵之处。因此，围绕椭圆形的中央大厅，我们打造了一圈闪闪发亮的白色展柜，展示一千七百个不同版本的"空军一号"。它们乃是活动现场的焦点，也是每位来宾心目中的珍宝。

当然，展柜并不是唯一一处能欣赏到"空军一号"的地方，来宾们还能欣赏其他人脚上穿的鞋。事实上，很多人都穿着自己的"空军一号"来参加庆典。我们深知，这也是本次活动吸引人的地方。"空军一号"爱好者们可以欣赏彼此的藏品。我们决定在入口处玩个花样，请摄影师用拍立得相机拍下每个人踩着白毯（而不是红毯）进入活动现场的照片。走过白毯后，来宾将登上一座六英尺[1]高的圆形展台，展台造型

---

1. 英尺：英美制长度单位。1英尺合0.3048米。

灵感

与"空军一号"鞋底支点图案类似——那是布鲁斯在 1982 年花费大量时间做出的创新。展台上为来宾们提供了必要且精彩的产品简介。快照不拍脸，只拍膝盖以下，强调场上的明星不是来宾，而是脚上的"空军一号"。一切都是为了鞋。来宾可以在自己的拍立得快照上签名，然后把照片钉在附近的壁板上。这样一来，我们就有了一条不断延长的画廊，所有最美的"空军一号"签名快照都聚在了一起。活动结束后，我们将所有快照装订成册，寄送给每位来宾。直到今天，许多人社交媒体的头像还是当时的快照。

  整个策划过程中，我们不得不反复提醒自己，这场活动的目的是什么。在策划涉及艺术家、社会名流和职业运动员的活动时，你很容易把关注焦点放在他们身上。在某些情况下，这么做是行得通的。但在"空军一号"的案例中，这么做会削弱这款鞋的标志性地位。我还记得，在初期的一次策划会议上，有人提出了一个问题：为什么人们会来参加"仅此一夜"活动？为什么会有人认为这么做很酷？换一种说法就是：消费者为什么要在意这场活动？有人回答说："因为在其他任何地方，你绝对看不到这四位说唱歌手同台演出。"我承认，这个答案哪怕是对我都极具说服力，毕竟我是听着他们的歌长大的，而他们将在极为私密的场所演出。但换个角度问，他们为什么会来？只是为了演出吗？当然不是。同一个人接着回答说："是为了全套球鞋藏品。"这就是灵光闪现的顿悟时刻！正如耐克广告中的马尔斯·布莱克蒙所说："肯定跟鞋有关。"

二度降临

除了"仅此一夜"活动，耐克为纪念"空军一号"还做了许多努力。2007年，我们推出了全新的"空军一号"海报，主角是一批全新的篮球超级巨星。正如负责"空军一号"周年庆典艺术指导的雷·巴茨所说："坦率地说，'最初六人'的'空军一号'海报实在太有标志性，要是另起炉灶那就太浪费了。我们的目标只是在原版海报基础上做现代化改造，希望它能达到原版的效果。"那幅海报并不是"空军一号"（无论是新款还是旧款）的广告，而是向当初提升了耐克篮球品牌地位的原版海报和鞋款致敬。

巴茨及其团队不是找来了六名球员，而是找来了十位巨星：肖恩·马里昂（Shawn Marion）、拉希德·华莱士、史蒂夫·纳什（Steve Nash）、阿玛尔·斯塔达迈尔（Amare Stoudamire）、勒布朗·詹姆斯、科比·布莱恩特、克里斯·保罗（Chris Paul）、保罗·皮尔斯（Paul Pierce）、杰曼·奥尼尔（Jermaine O'Neal）和托尼·帕克（Tony Parker）。与原版海报一样，球员们身穿全白装束，站在停机坪上，身后是灿烂的阳光，勾勒出远山和机场航站楼的轮廓。海报的整体效果是向原作致敬，只不过光线更明亮，地平线、停机坪与球员的对比更鲜明。这是一次回顾，也是一次进步，带领耐克篮球迈向未来。

"空军一号"二十五周年纪念让我们有机会庆祝一个文化标志。从"仅此一夜"活动到"二度降临"（Second Coming）海报，再到新版球鞋本身，我们在认可原版球鞋影响力的同时，也将这款鞋介绍给了新一代的球员和消费者。这么做的方式有可能恰到好处，也有可能错得离谱。如果我们偏离了这款鞋之所以伟大的核心，就会削弱它留下的遗产。这就要说到公共所有权的概念。因为，从很多方面来看，"空军一号"不光属于耐克。我们如果将这款鞋和它留下的遗产视为耐克专属，就会疏远那些对它的依恋并非来自营销的消费者。正如巴茨所说："我们把'空军一号'比作保时捷911，它的标志性创造始终忠于最初，同时也经过深思熟虑，做出了真诚且贴合时代的演进。"耐克起初并没有想过让这款鞋"走上街头"，那是消费者自发的行为。消费者借用我们的产品所做的事，远远超出了我们的影响范围，我们不能夸口是自己的功劳。不过，我们应该给他们让道，让那些事自然而然地发生。

作为品牌团队，我们找出了让"空军一号"如此流行的元素——这款鞋的真诚，以及耐克鼓励消费者打造个性化鞋款的策略——并在几十年里不断滋养这些元素。最重要的是，正如巴茨所说："我们从来没有忘记自己在与谁共舞。"我们无论做什么，关注焦点都必须放在鞋和喜爱它的人身上。

艺术与文化的交集

2006年左右，HBO电视网原创的系列喜剧《明星伙伴》(*Entourage*)是全美最热门的剧集。该剧讲述了一名演员和他的几位好友闯荡好莱坞，在嗓门响亮的经纪人的带领下历经重重冒险的故事。在其中一集里，演员文森送给朋友特托（剧中常驻的"鞋迷"角色）一双激光雕刻的"空军一号"。那双低帮球鞋有通体金底黑字，鞋头刻有特托的名字，造型极尽华丽，是艺术与格调的浮华展示，让特托爱不释手。观众可能

第六章 切勿追逐炫酷

会想，那双鞋是专门为剧集定制的。我是说，耐克真的会花时间和资源打造那双精雕细琢的球鞋吗？它看起来不像鞋，而更像艺术品。没错，耐克会这么做，也确实这么做了。事实上，激光雕刻是我朋友马克·史密斯（Mark Smith）的得意之作，他是耐克创新厨房（Innovation Kitchen）的创意总监。

多年来，人们一直在自己的球鞋上作画，为批量生产的产品赋予独特个性，因为他们对那款产品有极深的情感依恋。就像涂鸦艺术家在城市建筑墙上喷涂的画作，为球鞋添加的个性化元素也可以说是一种艺术品——将不该是艺术品的东西转化为有意义之物，哪怕别人不这么看，起码鞋主人觉得有意义。换句话说，就是打造个性化的标志性产品。"以鞋为画布"是激光雕刻球鞋的灵感来源，不过，具体故事要比这复杂得多。

21世纪的头几年，马克偶然看见一位同事在创新厨房里试验用激光切割材料。这让他灵光乍现，意识到激光不但能切割皮革，还能在皮革上做雕刻。他试着做了一些设计，起初是为自己做的，灵感来自古代毛利武士的面具图案。不久，他联系了一些艺术家朋友，向他们展示了自己的作品，结果发现他们也想做试验，看看如何运用激光将灵感化为现实。激光试验带来了许多成果，设计灵感分别来自冲浪艺术、街头涂鸦、凯尔特符号等。马克和他的艺术家朋友们似乎重新发现了一种在物件上讲故事的古老方法。事实或许正是如此。马克只是在试验一种炫酷的新技术，用全新的艺术形式释放自己的创作激情。

接下来就要说到"潮人中心"（Energy Centers），以及我在这个故事中扮演的角色了。2003年，我们打造了"创新画廊"（innovation galleries），作为一种全新的高感触营销[1]形式，与城市中最具影响力的创意社群建立联系，探索艺术和体育之间前所未有的交集。通过这种方式，我们得以深入城市表层之下，亲身接触创作者网络，包括艺术家、打碟手、造型师、摄影师和设计师。其中一个"潮人中心"是位于威尼斯海滩沿岸大道523号的传奇蓝房子。那栋房子建于1901年，曾是各色人等的聚集地，其中包括"大门"乐队（Doors）主唱吉姆·莫里森（Jim Morrison）。另一个"潮人中心"位于纽约市苏荷区的伊丽莎白街。那些地方的空间都相当狭小，规模跟洛杉矶或纽约的大画廊没的比，不过很适合用来做我们要做的事。

尽管我们的灵感确实来自画廊，但如果你把那些地方看成单纯的画廊，那就大错特错了。那里没有白墙，没有被天鹅绒绳索围起的画作，也没有"请勿触摸"的告示牌。我们将"潮人中心"的环境设计成沉浸式的，消费者可以调动所有感官亲身体验。耐克零售店用于展示产品，消费者可以在店内触摸并发现众多类别的产品；但说到传达创新背后的故事，展现创新对运动员的促进作用，我们能做的相当有限。"潮人中心"则解决了这个问题，它们为我们提供了自由和空间，使我们能通过更独特、更深入的方式讲述故事。我们可以利用这些中心，集中展现某个特定主题，就像画廊举办某个艺术家或某种风格的展览。我们也可以拓展创意，纳入研讨会、营销战役，甚至是小型音乐会——所有这一切都是通过讲述故事，聚焦于耐克某个方面的创新。在一千平方英尺的空间里，你可以完成许多令人惊叹的壮举。我们在这些中心举办的展览

---

1. 高感触营销（high-touch marketing）：与高科技营销相对应，指与每位顾客建立实时的"零距离接触"，同时提供更贴心、定制化的品牌享受。

包括：

重构（Reconstruct）：一场展览，关于回收再利用耐克产品，使它们转化为全新的形式，包括帐篷、家具、裙子等等。我们希望在可持续创新成为众多品牌的关注焦点之前，抢先建立起与消费者的对话。

极速传说（The Genealogy of Speed）：展示耐克多年来关注速度的鞋履创新。我们在一面墙上开凿了许多凹槽，造型模仿喷气式飞机的引擎进气口，凹槽中展示着众多开创性的鞋履，让观众领略耐克追求"速度更快的鞋"的时间线。活动介绍册上写着："通过时间、运动、比喻和音效，讲述十五个经过精心编排的极速故事。"

鉴于我曾在沃克艺术中心工作过，我感觉自己已经做好了充分准备，能够领导团队设计并策划"潮人中心"，通过全新艺术表达形式分享耐克品牌的特色。为了做到这一点，我们的团队（包括建筑师、编剧、艺术总监和电影制片人）打造出了充满动态叙事的沉浸式空间，让参观者有机会近距离接触耐克创新的神奇魅力。

从创意的角度来看，"潮人中心"最棒的一点在于，我们不受商业束缚。我们的主要目的不是销售产品，而是为一小部分观众服务，让他们从"耐克的创新如何促进艺术表达"和"这些创新如何使体育之外的世界受益"中得到启发。

这个空间让他们能够在球场和田径场之外探索耐克的世界。没错，这是阳春白雪的玩意儿，并不适合大众消费者。这就是为什么"潮人中心"的规模并不大，总共只有两处，美国东西海岸各一处，为兼收并蓄的创意社群服务。

在这两个地方，艺术表达的画布是鞋，或者更确切地说，是将马

159

克的激光雕刻法运用在鞋上。马克最初的想法是以鞋为媒介，通过在皮革上雕刻来讲述故事。正如画廊会邀请艺术家以充满创意的方式展示自己的作品，我们想给马克一座"潮人中心"的空间来讲述他的故事。我们的构想是展出一系列马克雕刻的鞋履，每双表达不同的文化视觉语言。

在一些展品的鞋舌上，马克用激光雕出了一簇火焰，代表阳光的热力集中在一点。此外，他还添加了些许个性化色彩，例如在耐克Cortez跑鞋和"空军一号"的鞋跟上雕刻笑脸。正如马克所说："我只是通过这种有趣的新工艺向世人咧嘴一笑。"

这场展览引起了创意社群的巨大反响，大家都对激光雕刻工艺着了迷。事实上，激光雕刻的鞋履得到了公众的青睐，促使我们决定推出限量版鞋款，其中一个版本就出现在了美剧《明星伙伴》中。我们意识到，可以利用激光雕刻工艺讲述特定鞋履和特定运动员的故事。马克在全球范围内做了巡回演讲，讲述自己是怎么做到的，并在众多观众面前现场演示。最终，在迈克尔·乔丹本人的热情支持下，这项工艺用在了Air Jordan XX（乔丹二十代）上。马克设计了魔术搭扣上的图案，用激光雕刻的小图标拼贴出乔丹职业生涯的重要时刻。例如，其中一个图标是乔丹在赚够钱后购置的跑车，还有一个图案是带有"老爹"（Pops）字样的工具箱——指的是乔丹的父亲，他是运用工具的高手。这些小图标使球鞋主人能够深入了解乔丹在球场内外的形象，这是前所未有的壮举。

在许多人看来，Air Jordan XX是"激光"鞋款的巅峰之作，但我并不这么认为。马克很乐意在日常工作之余为各位运动员和名人制作球鞋。2015年，奥巴马总统访问耐克园区时，马克及其团队成员向美国第四十四任总统赠送了一双定制版"空军一号",鞋上用激光雕刻出了数字"44"。

起初,马克只是运用激光雕刻释放自己的好奇心和想象力,结果这项技术引起了文化共鸣。这得益于耐克对"工艺之外的工艺"的支持,尤其是在"潮人中心"做的展览。这项激光创新登上了热门电视剧,进入了纽约和洛杉矶的艺术社群,出现在了世界冠军的比赛用鞋上,最后还被赠送给了美国总统。通过化身为个性化体验的画布,一款产品就这样成为文化标志。

民主化设计

我带着团队走进了伦敦萨维尔街上的一家著名裁缝店,想让他们体验一下让这些店铺举世闻名的四大要素:服务、工艺、个性化与格调。在这些店铺里能找到绵延几个世纪的传统,小到最微不足道的细节。当裁缝为你丈量尺寸的时候,你体验到的服务旨在将剪裁、合身、布料、线条、纽扣等元素统统考虑在内,通过一套西装完美展现你的体形与个性。从萨维尔街购买西装时,你不仅仅是为布料付钱,还是为曾经仅供皇室享用的服务水准付钱。尽管我当天并没有买西装(尽管我很想买),但那次体验再次向我证明了,在打造定制产品时,高水准的服务与产品本身同样重要。

我们没有几个世纪的时间建立自己的传统,所以决定去看看最优秀的工匠是怎么做的,并从他们身上汲取灵感。正如本书第二章提到的,好奇心是一切创意工作的关键。你必须不断寻找"亲身尝试"的方式,去从未想过的地方寻找灵感。我和我的团队要回答的问题是：我们能不能重新创造出伦敦裁缝店的体验？只不过，我们定制的不是西装，而是鞋。

无论是在行业内还是在耐克，定制鞋都不是什么新鲜事。早在 1999 年，耐克就在网站上推出了 NikeiD 定制服务，客户可以从一系列不同的材质和配色中挑选，打造出完全属于自己的球鞋。这项服务大受欢迎，导致我们推出了更多的定制选项，例如在鞋后跟添加你的姓名、昵称或你选择的口号。这么多年来，我们了解到，留给消费者选择的设计变量越少越好。限制消费者要做出的选择，能提升他们的幸福感。也许对一小部分人来说，NikeiD 定制服务就像一块空白画布，供他们自由设计想要的东西；但对大多数人来说，他们不想做那么多选择，更希望得到专家的指导和认可。

我在领导 NikeiD 品牌设计团队之初，工作重点是创造品牌、讲述故事和消费者体验。但随着服务范围的扩大和受欢迎程度的提升，我们意识到，在线平台难以供消费者充分发挥创意。因此，我们开始研究最优秀的定制体验是什么样的。我们走访了伦敦的高级裁缝店，也考察了最顶尖的餐厅。它们在品质、服务和（常常被忽略的）空间之间取得了令人难以置信的平衡，不但拥有最周到的服务和最美味的食物，还给人一种独特的感受。建筑、室内设计、氛围、音乐、灯光——所有这一切都是为了给用餐者提供完美的环境，让他们能够尽情享用美食、服务与陪伴。我们前往世界各地的城市，与四季酒店和丽思卡尔顿酒店的负责人取得联系，了解他们是如何看待服务的，又是如何将员工培养成专家的。此外，我们还考察了世界上最优秀的包装设计（毕竟，与餐厅不同，顾客不会当场消费商品，商品会装在包装盒里交给他们）。无论是苹果、蒂芙尼，还是东京最高端的精品店，员工打包和用户开箱都极具仪式感。有了这些体验之后，我们得以从中汲取精华。

到了 2005 年，是时候将 NikeiD 线上定制体验与我们从旅行中学到的东西结合起来了。我们的第一间定制工作室设在纽约的伊丽莎白街，也就是曾经的"潮人中心"所在地。就像曾经做过的许多品牌创新一样，我们在那里打造了样板店，实地测试自己的构想。那个构想就是私人化、高感触、预约制、独一无二的 NikeiD 定制体验。就像伦敦高级西装店的裁缝一样，设计顾问与客户竭诚合作，不遗巨细地帮他们定制属于自己的球鞋。不过，尽管伦敦的西装定制模式早已被复制到世界各地，但从来没有人想过将其拓展到鞋履定制上。我们觉得这会大受欢迎，但绝对没有想到，它会从一家为期六周的临时店铺发展成遍及全球的定制工作室。我们从伊丽莎白街的样板店里学到了很多东西，并将那些经验融入了接下来的工作。尽管我们希望每家 NikeiD 店都提供类似的私人定制服务，但也希望每家店都有自己独到的特色。

例如，2007 年，我们在伦敦耐克城的"心脏"开设了一个两层楼高的球鞋定制体验空间，采用一览无余的全玻璃"鱼缸"结构，旨在让走进旗舰店的购物者目睹"定制实验室"中的活力与激情。玻璃幕墙内嵌展示柜，展出了成百上千双设计独特的耐克球鞋，每双都是艺术品。

位于苏荷区默瑟街 21 号的 Bespoke NikeiD 定制工作室可谓顶尖范例，展示了私人定制可以做到什么程度，以及人们愿意为了一次卓越体验付出怎样的高价。这家开业于 2008 年的店铺是一家小型高级精品店，提供耐克最为独特的产品。店铺后侧的定制工作室可以开设一对一的私人设计课，帮助消费者打造真正的原创鞋款。付出八百美元的费用

灵感

后，消费者可以与设计顾问合作，定制鞋子三十一个不同的部位，包括鞋底、鞋面、鞋芯、内衬、缝线、外底颜色、鞋带、鞋带饰片等等。他们还可以从八十二（也就是"空军一号"问世的年份）种高级材质与配色中做出选择。也就是说，加起来总共有一千种不同的材质。这不是在线定制服务能提供的东西，而是一次完整的定制体验，在设计专家的协助下走过创作之旅的每一步。

最初的概念图发展成了后来的样板店，最终成为耐克全球零售旗舰店的核心。伊丽莎白街的定制体验推出短短几年后，你在全球任何一座大城市，走进任何一家耐克自营店，都能看到 NikeiD 工作室。定制球鞋一向价格不菲，所以将这个过程称为"民主化"似乎有些奇怪。但我用这个词并不是说任何地方的任何人都能负担得起这种独特的设计体验。恰恰相反，我指的是设计本身的民主化。NikeiD 工作室为消费者提供了当设计师的机会，设计出完全属于自己的球鞋。消费者能为自己的专属球鞋做的每一处选择，都是向耐克的某一段历史致敬。通过选择某个元素而不是另一个元素，消费者展示了自己对某段历史传统的共鸣。例如，在纽约苏荷区的 Bespoke 定制工作室，消费者可以为自己的定制款"空军一号"选择 elephant 或 safari 图案。为什么是这些图案？因为在 1987 年，设计师汀克·哈特菲尔德在耐克 Air Safari 跑鞋和耐克 Air Assault 篮球鞋中使用了这两种取材于大自然的印花图案。而现在，任何人都可以使用这些源自传统、勾起记忆的图案。这就是设计民主化的意义。它将你带进品牌故事之中，通过让你自行创造前所未有的定制版鞋履，使你成为文化遗产的一部分。

第六章 切勿追逐炫酷

球鞋之书教父

"这些书页上展示的并不完全是鞋，更多的是那些鞋代表的生活方式，它们去过的地方，它们从未分享过的故事，穿过它们的超级巨星，它们引领的潮流，它们伤过的心，以及它们将拥抱的未来。"

这是斯库普·杰克逊（Scoop Jackson）为《鞋魂：耐克篮球三十年》（*Sole Provider: 30 Years of Nike Basketball*，以下简称《鞋魂》）一书撰写的序言。我在成为耐克品牌设计负责人后，做的第一个大项目就是创作这本书。这无疑是对传统发起挑战。我们没有用营销预算拍宣传片或推出营销战役，而是专注于创作一本书。为什么？为什么我们会想到制作一本书，通过一双双鞋的故事来追踪耐克篮球的旅程？

在回答这个问题之前，让我们先提出另一个问题：为什么我们要记录历史？因为，关于我们的过往经历，关于我们来自何方，关于某些塑造了一个时代、一桩事件乃至一段人生的重大时刻，这些故事都非常重要。我们决定写一本关于耐克篮球的书，是因为我们回顾了耐克的这段特殊历史，知道它非常重要——不仅对我们很重要，对深受那些瞬间、那些故事影响的千百万人也很重要。这本书的艺术指导雷·巴茨选择了记者斯库普做写作搭档是有原因的——斯库普深切了解，像这样的书想要大获成功，唯一的途径就是，书中不能只充满流行鞋款的精彩图片，还必须讲述历史，讲述那些鞋的故事。

我们最初考虑创作这本书时，想要通过三十年来推出的产品和营销战役，展示耐克篮球营销史背后的故事。这本书虽然是为"鞋迷"写的，但也是为了提醒人们关注耐克的丰富遗产（及其附带的重大责任），同时作为未来营销工作的指南。与其翻阅档案，试图回忆起我们二十年前

165

为那款鞋做了什么，不如把所有东西整合到一起。因此，《鞋魂》是一本关于历史、文化和标志性鞋款的书，也是一部精美的视觉指南。

故事要从1972年耐克凭借"开拓者"球鞋进军篮球界说起。在海报上，绰号"冰人"的乔治·格文（George Gervin）坐在白色长椅上，身穿浅蓝色球服，左右手各握一只白色篮球，脚蹬带蓝色"对勾"图案的全白"开拓者"球鞋。在讲述"空军一号"影响力和遗产的章节中，我们跳跃了二十五年的历史，从1982年说到拉希德·华莱士复活"空军一号"，不是将其作为街头鞋（拉希德不需要这么做），而是作为球场上的必需品。在拉希德脚蹬老款"空军一号"的照片上方，斯库普写道："在这款复古鞋成为复古物之前，拉希德·华莱士就玩转复古了。无论是肮脏的、干净的，还是老式的、初版的、漆皮的，直至今日，他都毫不在乎外观，而是统统奉为至宝。"

读者还可以追踪Air Jordan的历史。例如，在关于Jordan XI（乔丹十一代）的章节中，读者会了解到，这款鞋的灵感源于……一只袜子。"这种无鞋带设计是为了最大限度地提供舒适感。定制化、高科技的搭扣能提供稳定性，将双足锁定在鞋内。当迈克尔·乔丹提出使用漆皮的想法时，一切都改变了。他认为，推出一款有品位的篮球鞋，能与晚礼服搭配的那种，会非常炫酷。"

就连耐克的包装也得到了特别关注。在题为"鞋的雪茄箱"的章节中，《鞋魂》追踪了耐克鞋盒的历史：从将一双球鞋从工厂送往商店，再从商店送到消费者手中的简单纸盒，变成"鞋迷"心目中的宝箱。他们对耐克鞋视若珍宝，对收藏耐克鞋充满激情。"但比起问'鞋迷'为什么要这么做，最常见的问题是'怎么做'：他们是怎么保存那么多球鞋，怎么让它们保持崭新，怎么能保存那么久的？这就要说到鞋盒。"

第六章 切勿追逐炫酷

尽管《鞋魂》共审视了六百五十款鞋，但雷想要强调并关注其中的十二款，那些"帮助界定、塑造并指导鞋履行业"的鞋。像"空军一号"、Air Jordan 以及其他一些鞋款，它们的文化影响力和受欢迎程度可以上溯几十年。它们提供了独特的故事线索，编织成了耐克（及其消费者）的历史。

雷表示："我们觉得，如果没有这些产品，鞋履行业和球鞋文化绝不会发展到今天的规模。"尽管每款鞋都有自己的特殊地位，但那十二款鞋最能展示行业与文化的变迁，是行业与文化紧密联系的交汇点。

整本书旨在传达过去与未来的感觉。例如，《鞋魂》的封面就展示了一只侧躺的老款白色耐克"开拓者"，与一只"扣篮王"文斯·卡特穿过的黑色耐克 Shox 形成呼应。那也是过去与未来的呼应。读者还能在书中看到鞋履设计图（就像建筑师画的蓝图）和新旧款对比。我们希望在过去与现在之间架起桥梁，让读者（也就是斯库普所说的"鞋迷"）成为故事的一部分，见证我们从伟大走向卓越。

《鞋魂》展示了耐克在文化与体育的交汇处尽显风采的历史。在文化与体育的交汇处，标志性产品能够改变文化。消费者与耐克共享文化，共同塑造了那段历史，这本书正是为了庆祝这一点。我们想打造一本书，聚焦于共享的激情与故事，那个故事是耐克与喜爱耐克产品的人共同造就的。我们有能力用一本书讲述这个故事，既献给与耐克一道走过这段旅程的人，也献给一路上逐渐发展出的粉丝。雷和斯库普用一本书记录了三十年的故事，供后人参考使用。这不光是一本历史书，还是未来一代耐克创意者的指南，让他们能在设计未来的同时回顾往昔。它还为消费者（无论是最痴迷的"鞋迷"，还是喜爱自己某双旧耐克球鞋的普通人）记录了他们在塑造这一文化片段中发挥的作用。对所有品牌来说，你选择讲述的故事在某种程度上已不再属于你。如果故事讲得好，它们就会像民间传说或童话故事一样，被融入难以界定的文化大熔炉，被人们分享与传承，在重述中不断变迁，留下比你原本想创造的更伟大的遗产。请讲述那些故事，分享你的历史，回馈你的消费者吧。

Air Max 节

那栋盒形建筑物就像灯塔一样，照亮了方圆几英里[1]。只见它流光溢彩，每一面墙上都跃动着色彩，仿佛墙中蕴藏着生命的律动。图像在建筑物侧面流淌，从模糊慢慢变得清晰。这是一栋建筑，没错，人们耐心排队等待进入，体验在它内部上演的奇迹；但它也像是一只球鞋鞋盒。具体来说，它是耐克 SNKRS 鞋盒，也是一栋有房子那么大的建筑，提供独特的互动体验。这一天，建筑物内部在举办展览，展出神秘的 Air Max 0 鞋款——它是传奇设计师汀克·哈特菲尔德在 20 世纪 80 年代中期打造的试版鞋，但在当时被认为太超前，所以没能投入量产。设计草图一直被束之高阁，直到 1987 年才被汀克重新翻出，从中汲取灵感打造了 Air Max 1。走进建筑物后，参观者将步入 Air Max 系列的圣地，得以目睹前所未见的 Air Max 0。他们还有机会与汀克本人见面，购买并定制属于自己的 Air Max，并通过其他方式分享自己对这一标志性鞋款的热情。尽管 SNKRS 鞋盒可以代表众多耐克鞋款，几乎适用于任何场合，但当天它看起来像是装 Air Max 1 的鞋盒。这可谓恰到好处，因为

---

1. 英里：英美制长度单位。1 英里合 1.6093 千米。

第六章 切勿追逐炫酷

当天是 2015 年 3 月 26 日,也被称为 Air Max 节。

耐克难道围绕一款鞋打造了一个节日?没错,就是这样。为什么呢?好吧,让我们来具体讲一讲……

1987 年 3 月 26 日,耐克发布了 Air Max 1。这款鞋拥有不少创新设计特色,其中最引人注目的是"开窗可视气垫",突显了气垫与弹簧技术。哈特菲尔德表示,它的灵感源于巴黎蓬皮杜艺术中心,一栋"结构外露"的建筑。你不难猜出当时的耐克团队希望通过这一创新达成什么目的,因为第一支以 Air Max 为主题的广告片配乐就是披头士乐队的名曲《革命》。鉴于三十五年后,Air Max 仍然是史上最具代表性的球鞋,也仍然是耐克产品线中的主打产品,我认为创意团队选择的曲目相当贴切。

2014 年,耐克发布了新版 Air Max,向二十七年前首发的鼻祖致敬。新版鞋的鞋舌上印有"3.26"字样,也就是 Air Max 诞生的日期。不过,我们的眼光更为长远,而不仅仅是发布一款纪念诞生日的新版球鞋。正如我的同事吉诺·菲萨诺蒂所说:"我们面临的挑战是打造一个时刻,一个让球鞋社群聚在一起的日子,就像时尚品牌在时装周那样。"

我们深知,就像"空军一号"一样,Air Max 已不仅仅属于耐克。它已经被消费者接纳,成了属于他们的产品。我们想围绕这款鞋打造一个时刻,就像为"空军一号"二十五周年做的那样,感谢那些使 Air Max 成为文化标志的人。我们打算"像时尚品牌看待巴黎时装周"一样看待这一时刻,但最初并没有想过打造为期一天的节日。

后来,吉诺去见了耐克 DNA 团队的主管里克·香农(Rick Shannon),里克给他看了宣布推出 Air Max 的原版新闻稿,上面的日期是 1987 年 3 月 26 日。你知道比一周更有力的"时刻"是什么吗?那就

灵感

是一天！我们通常不会花整整一周庆祝什么，却会大肆庆祝为期一天的节日，比如除夕、情人节、生日、母亲节、父亲节。

情人节、母亲节、父亲节的意义是由鲜花和贺卡行业赋予的。多么了不起的创意！正如大多数伟大创意一样，Air Max 节始于我们提出"假如耐克创造一个全球公认的节日，那会怎么样？"这个创意渐渐成形。像其他节日一样，我们鼓动使 Air Max 成为文化标志的社群，为其提供了大肆庆祝的理由。

我们意识到，这么做可以把迄今为止发布过的鞋款和当天发布的新款联系起来，同时还能打造一个令人难以置信的平台，让消费者参与其中，尤其是通过社交媒体参与进来。这么做能让兴奋之情一点点汇聚起来，以前所未有的方式让消费者参与进来。围绕 Air Max 的社群早已存在，我们不需要凭空创造，只需要提供一点儿动力，让社群成员聚到一起。他们原本就充满激情，Air Max 节只不过是利用这种激情达成目的。

最重要的是，Air Max 节并不局限于某个具体地点。虽然我们可以在选定的城市举办活动，但这一天本身将以数字化形式存在，因为消费者会通过图片、视频等形式分享自己对 Air Max 的热爱。耐克或许是提供了平台，但说到底，Air Max 节是由消费者和鞋迷社群主导的。

与耐克后来历年的做法相比，2014 年的第一次 Air Max 节显得有些老派。我们推出了新版 Air Max 1。除了一些调整修改和设计特色，例如鞋舌上加了"3.26"，它几乎完全复刻了原版。耐克在纽约、洛杉矶和上海举办了活动，并在照片墙上发布了一张照片。照片很简单，是一双 Air Max 1 的背面，周围堆满了鞋盒。它迅速成为耐克史上点赞量最多的照片。耐克邀请社群成员参加并庆祝这个新节日，他们也确实这么做了。

第六章　切勿追逐炫酷

没错，耐克创造了一个节日。

耐克、合作伙伴与社群成员为 Air Max 节创造了无数感人时刻和经典活动，在此限于篇幅无法一一列举。不过，我可以简单介绍其中几项最令人难忘的活动，展示 Air Max 节如何从单纯的球鞋诞生纪念日发展成了风靡全球的节日。

东京庭园： 2017 年，在 Air Max 诞生三十周年之际，备受赞誉的日本室内设计公司 Wonderwall 在东京国立博物馆内打造了一座通体全白的"庭园"，完全由 Air Max 球鞋组成。在这座名为"Air Max 集锦"的庭园中，多年来所有版本的 Air Max 呈螺旋状排列，取代了日本枯山水庭园中常用的白色石子。

鞋上太空： 同样是在 2017 年，耐克的数字化合作伙伴 space150 将一双全新的 Vapormax 跑鞋系在一只气象气球上送入了太空。千真万确！GoPro 摄像机记录了气球上升的全过程，用户可以目睹 Vapormax 升到地球上空十一万七千五百五十英尺处，并在气球爆炸后顶着降落伞缓缓飘落。这个非同寻常的创意来自 space150 的创意总监内德·兰伯特（Ned Lampert）。他解释说："我们受到了耐克的启发。其对科技和文化的态度，以及总是试图挑战极限，都让我们备受启迪。我们认为这是体育与文化的完美结合，能够讲述世上最轻盈的鞋的故事。"

Air 大师： 2016 年，耐克制作了一部名为《Air 大师》（*Masters of Air*）的纪录片，展示了世界上 Air Max 藏品最丰富的九位收藏家，讲述了他们的故事。他们分别来自阿姆斯特丹、北京、巴黎、伦敦、布拉格、东京、拉斯维加斯、墨西哥城和柏林。来自柏林的收藏家名叫"冰柜"（Icebox），拥有两千双 Air Max，占他四千双球鞋藏品的一半。

耐克 SNKRS 鞋盒： 正如前面提到的，在 2015 年的 Air Max 节上有

171

灵感

个房子大小的数码鞋盒，那是洛杉矶营销战役的焦点。鞋盒外部无缝覆盖着最新科技的 LED 屏幕，墙上循环播放短片，看起来无比鲜活灵动。在其他几年的 Air Max 节上，我们也安排了 SNKRS 鞋盒，来宾可以在预约的时间段进入鞋盒。步入其中后，他们可以购买新旧版本的 Air Max，并与运动员和 Air Max 设计师见面。2016 年，来宾有机会与纪录片《Air 大师》中提到的收藏家面对面交谈。

从 2014 年算起，Air Max 节已经连续举办了八年，成为文化的一部分。很少有以品牌为基础的节日能走到这一步。我相信，这是因为 Air Max 节基于品牌与文化结合的核心理念。最重要的一点是，Air Max 节将社群置于庆祝活动的中心。耐克发挥的作用是让任何人都能轻松分享自己热爱的东西，无论是在活动现场还是通过数字渠道。就像情人节、母亲节和父亲节一样，这个节日为消费者提供了一个理由，庆祝自己原本就喜爱的东西。

这种围绕社群打造节日的做法还有另一个要素。Air Max 节鼓励鞋迷通过自己的方式抒发热情。耐克为人们提供了展示心爱之物的灵感，然后退后一步，让出了舞台。Air Max 节的另一个核心理念是把投票权交给大众。每年，鞋迷们都会投票决定下一次发布的 Air Max 款式，这实际上是将社群纳入了耐克的创意流程。最后，在世界各地的众多城市，从墨尔本到洛杉矶，耐克都会推出互动体验，表达对消费者的感谢。无论是过去还是现在，这个节日都不仅仅是关于一款鞋（正如首款平面广告宣称的"耐克 Air 不光是鞋"），还是为了展示 Air Max 代表的东西。这个节日是为了庆祝社群、创意和自我表达。

耐克很有可能把 Air Max 节搞砸，玷污它所要庆祝的东西。不过，通过始终将产品和社群摆在中心，耐克将权力赋予了大众，使 Air Max

节变成了消费者自己的节日。最后，Air Max 节之所以大获成功，是因为耐克将人们与他们早已喜爱的东西联系到了一起。这是鞋迷共同庆祝心爱之物的日子。

从耐克的整个营销史来看，显然我们把学到的精华融进了一个日子。我一直认为 Air Max 节是耐克品牌营销工作的巅峰，是品牌以最纯粹、最理想的形式大放光彩的时刻。我们将耐克最优秀的东西（包括人员、设计、故事和鞋）融入了一次千载难逢的体验，仿佛 Air Max 节就是那只我们倾注了所有热情的鞋盒。

切勿追逐炫酷

每个品牌都想创造出自己的文化标志，都想拥有自己的李维斯 501 牛仔裤、福特野马和"空军一号"。那是一款产品能够达到的巅峰。但如果从一开始就把这当成目标，我们很可能会失败。如果缺乏真诚、独特个性、强烈的自我意识，又怎么算得上炫酷？是的，世界上确实存在"炫酷"的潮流，但没人能靠"追逐潮流"打造出标志性产品。你只能通过开创趋势做到这一点。你如果追逐潮流，就可能失去真诚，而消费者是揭露虚伪的专家。因此，决定什么能成为标志性产品的不是品牌，而是消费者。

一个品牌如果有幸拥有某个文化标志（也是炫酷的象征），就必须尊重并保护它。多年来，"空军一号"推出过许多版本，但它始终是同一款鞋，秉承与初版"空军一号"同样的宗旨。那款鞋曾助力摩西·马龙夺得了 NBA 总冠军，也使我相信自己有朝一日会成为职业篮球运动员。好吧，不管怎么说，上述两件事里毕竟有一件成了真。

但更多时候，品牌并没有自己的"空军一号"。更多时候，品牌发现自己很难引起消费者的共鸣，很难成为人们谈论的焦点。正因为如此，有些品牌会追逐最新的趋势、网红或社交媒体平台。太多的品牌紧跟别人的步伐，结果变得虚伪浮夸，缺乏情感力量。你如果忙着追逐炫酷，就很可能会跟不上潮流。

如果品牌忠于自己的形象与宗旨，文化标志就会逐渐形成。只要你这么做，炫酷就会来追逐你。

"切勿追逐炫酷"基本原则

1. 让真诚成为你的文化货币

充分利用你的文化遗产。品牌的最初使命让你走到了今天，所以请牢记你当初为什么受人喜爱。真诚是无法刻意制造的，所以请保护好你的真诚。在最新潮流消逝后，它还会持续存在。

2. 玩转跨界

不要只顾待在自己的"赛道"上，请融入与你品牌价值观相同的其他文化潮流。通过与艺术、音乐和其他领域交汇，你能邀请全新的消费者接触你的品牌，对文化潮流产生更大的影响。

3. 与社群共创

品牌无法靠自己打造出标志性产品。你的成功既归功于自己，也归功于消费者。因此，请奖励他们，为他们提供工具、时机和空白画布，让他们与全世界分享激情，拉近你与消费者的距离。

第七章 引燃运动

运动关乎做出改变。它应该让梦想家骤然起身,让怀疑论者嗤之以鼻。

"整个世界卡壳了！人们原地踏步，琐事缠身，只顾看这个！今天，我们会试着说服一些洛杉矶市民，别呆坐在车流里，选择动起来。好了，跑起来！"

说到这里，说话的人，喜剧演员凯文·哈特，系上耐克跑鞋的鞋带，跳进了一辆卡车的后车厢。只不过，后车厢看起来像个玻璃缸，里面摆着一台跑步机。随着凯文开始慢跑，卡车驶过洛杉矶的大街，在交通高峰期上了高速公路。凯文在卡车后车厢里跑着步，戴着麦克风，冲开车的司机和行人高呼（或者说更像是嘲讽？）。

"堵车的时候，你们啥事也不干，"凯文对司机们说，"我却在锻炼身体。"你懂的，对上班族来说，这话听起来有些刺耳。但那可是凯文·哈特啊，在玻璃缸里的跑步机上跑步的是那位著名喜剧人。"从外面看起来，我有我想的那么酷吗？"他随口问道。

高速公路上像往常一样拥挤不堪，车辆经过时喇叭声此起彼伏。凯文边跑边朝大家挥手，说："你们按喇叭要么是因为爱我，要么是因为我造成堵车了。"说实话，原因可能两者都有。

如果你还没搞清发生了什么事，可能会认为这一切不过是恶作剧，凯文可能是在宣传新电影或新的喜剧演出。不，凯文就是在做他说的事：试着让人们动起来，站起来，去跑步。

可是……凯文·哈特？没错，凯文·哈特，喜剧演员，对健身（尤其是跑步）的热情首屈一指的家伙。别着急，我们在后面会提到这一点。凯文的"恶作剧"（如果你想这么称呼它的话）是为了宣传耐克的"洛杉矶十千米跑"（Go LA 10K）。这次活动于2018年4月举行，配合耐克React缓震创新跑鞋的推出。

当卡车继续在高速公路上行驶，凯文在后车厢跑步机上跑步时，司机们的表情从爆笑到困惑不一而足。大多数人都掏出手机，试着拍下这一幕。毕竟，他们从来没见过这样的情形，以后很可能也不会再见到。路边，有个街头打扮的男人看着卡车经过，看着凯文在车上大喊，突然撒腿跑了起来。终于有人接收到了《任我去跑》（Choose Go）传递的讯息。

"这绝对算是我今天做的有氧运动了。"

催化剂

凯文参与的耐克营销战役不光有洛杉矶长跑，还有2017年的苹果手表Nike+发布会。在与体育领域之外的创意人才合作这方面，耐克有着辉煌的历史。这么做能够提升文化跨界的趣味性，让传统受众以外的人对营销战役产生共鸣。这最早可以追溯到美国知名导演斯派克·李扮演马尔斯·布莱克蒙，站在篮球巨星"飞人"乔丹身边说"肯定跟鞋有关"。还有1993年的广告片中，著名好莱坞演员丹尼斯·霍珀（Dennis Hopper）扮演一名古怪的裁判，举起布法罗比尔队后卫布鲁斯·史密斯（Bruce Smith）的一只大鞋嗅了嗅。他们可不是为了客串而客串。我们之所以选择这些文化偶像，是因为他们能以独特的方式为耐克试图讲述的故事添彩。

因此，最好先了解一下为什么耐克会跟凯文·哈特一拍即合。

2015年，我们开始寻找一个人，他不但能真诚地谈论健身，尤其是跑步，还能真正发起一场关于运动的运动。这个人就是凯文·哈特。如果你只通过单人脱口秀和电影作品了解凯文，可能会觉得这个选择有些奇怪。他不是职业运动员，也从未做过职业运动员。但这一点也很关键。耐克不光想接触热爱运动的人，还想接触生活方式截然不同的人。跑步者已经很热爱跑步了，我们需要接触的是那些瘫坐在沙发上，看到凯文不会立刻换台的人。凯文富于感染力的个性和搞笑的表达方式会让这些人坐直身子，哈哈大笑，而且（我们希望他们）开始跑步。为了发起这场运动，我们需要跟一个极具影响力且真正热爱跑步的人合作。

我们怎么知道凯文是完美人选？有个故事能证明这一点（其实有很多故事，不过我在这里只举一个例子）。2015年6月，在波士顿现场演出的前一天晚上，凯文发了一条推特："波士顿人，我想请你们早上起来跟我一起跑步！马萨诸塞州布莱顿市栗子山大道367号的水库边见……就在莱利文体中心旁边。"第二天，有三百名波士顿人走出家门，来到指定地点，跟凯文·哈特一起跑步。五个月时间里，凯文前往十三座城市巡演，上面提到的是他第一次召集跑步。后来，这成了他常做的一件事。仅仅在费城，就有六千五百人跟凯文一起跑过了这座友爱之城。他重跑了电影《洛奇》(*Rocky*)中拳击手洛奇的标志性路线，终点是费城艺术博物馆前的台阶。在达拉斯，已经跑完的凯文看见有个超重人士加入了队伍，就慢跑回去跟他一起跑完了全程。没错，真是太赞了。

谈到波士顿的第一次跑步之旅时，凯文说："说实话，那是我突发奇想。我觉得给大家一点儿健身的动力会很酷。"

但经过深入了解，我们发现凯文并不是一直都热爱跑步。若干年前，他终于决定认真对待健身，开始跑步，但并不是特别擅长。他努力养成习惯，逼自己定期出门跑步。直到有一天，一切突然顺理成章，习惯变成了瘾头。就像充满激情的宗教皈依者一样，凯文想利用自己的巨大平台（当时他在推特上有两千多万粉丝）分享他对健身和跑步的热爱，希望能促使大家都开始跑步。

那么，回到前面的问题：为什么我们决定让凯文·哈特成为活动代言人，发起一场关于运动的运动？因为他已经开始这么做了。

会议前的会面

凯文来到耐克园区，跟我们的团队见面。会议开始前，我在创新大厦的大堂里过安检，凯文就排在我后面。等待其他团队成员完成签到的时候，我向凯文做了自我介绍。那是我们第一次见面，当时只有我们两个人站在楼梯间。凯文一秒钟也没浪费，直接说起了他的雄心壮志，那就是让全世界的人都动起来。我很快发现，那不是作秀。我的意思是，凯文浑身上下散发着喜剧色彩，但在那一刻，对着一个自己刚刚认识的陌生人，他对健身和跑步的热情喷薄而出。听着他描述的愿景，我不禁大受震撼，因为他已经有了切实的计划，知道自己想做什么，而这一点并不常见。请注意，当时我们还没有达成正式合作关系。通常，是像我这样的人（品牌营销人士和创意团队成员）向名人大佬提出创意。但那一次恰恰相反。凯文自己提出了倡议，也一直在推进一项计划，将健身和更健康的生活方式推荐给缺少运动的社群。

我很尊重凯文的为人,也很喜爱身为艺人的他,但他描述的愿景使我对他的尊崇提升到了新高度。此外,他天生风趣,我不得不努力憋住,才没有笑弯腰。毕竟,几分钟后要做提案的不是凯文而是我,而笑得上气不接下气可不是件好事。

最后,耐克团队的其他人员在会议室里集合,我努力板起脸来,开始向凯文做提案。我是第一个上场的,介绍了耐克品牌的概况——我们的宗旨、使命和价值观。那些都是老生常谈,但总能让我们清楚地意识到,我们将每一段关系都建立在体育运动和为运动员做出的创新之上。接下来上场的是服装创新负责人扬内特·尼科尔(Janett Nichol),随后是高级营销总监达拉·沃恩(Darla Vaughn)。随着提案人一位接一位上台,生动展示耐克营销与创新的魔力,我注意到凯文越来越惊讶。提案结束后,凯文侧身对耐克娱乐营销主管帕姆·麦康奈尔(Pam McConnell)说,他从来没在哪个品牌提案会上见过每个上台的都是黑人。

我们环顾四周,发现凯文说得没错,当天在场的每个人都是黑人。这其实是无意之举,毕竟与他合作的团队主管(我)就是黑人。不过,这的确是事实,凯文也立刻注意到了。在我看来,这是耐克走多元化道路的一大亮点。这并不是什么重大时刻,当然也不是会议的重点,但却让我永生难忘。

话说回来,会议结束后,我们走去米娅·哈姆大楼共进午餐。我们给凯文准备了一个惊喜。午餐结束后,耐克联合创始人菲尔·奈特走了进来,简直把凯文乐坏了。菲尔对凯文取得的成功大加赞赏,凯文同样也对奈特赞不绝口,说他给了自己很多启发。寒暄过后,凯文来了一段即兴表演,宣称当天早些时候,他打破了耐克运动研究实验室里所有运动员的纪录。鉴于那份名单横跨整个运动领域，包括众多世界冠军和世界纪录保持者，这当然是不可能的。不过，凯文的表达方式和认真态度逗得大家捧腹大笑。这也算不上什么重大时刻，却表明了凯文对与耐克合作的兴奋程度不亚于我们。

是的，我们选择了一位完美的活动代言人。我们知道，接下来将与他展开一次令人难忘（同时也令人捧腹）的合作。再听我讲一个故事，你就会明白我的意思。

2016 年 1 月，凯文做客美国家喻户晓的夜间脱口秀《吉米今夜秀》(*The Tonight Show Starring Jimmy Fallon*)，全身上下都是耐克装备：上身是红色耐克 T 恤，脚蹬耐克 Hustle Hart 交叉训练鞋。吉米向凯文问起了他的新鞋，凯文则尽显个人本色，简直难以用言语表达他有多喜欢那双鞋。"我觉得你们看不清它有多棒。"他冲观众大喊，然后蹦上了《吉米今夜秀》的传奇大桌。接着，他滔滔不绝地说起了自己的励志名言——耐克把那些名言绣在了鞋面上。其中包括"健康就是财富"，还有"别停止鞭策自己"。凯文说，那不仅仅是一双鞋，它设计出来是为了"在运动员和那些不知道自己内心住着个运动员的人之间架起桥梁"。

我还需要解释这让我们这些耐克营销人员有何感受吗？我有没有提过，我们选择了一位完美的盟友来发起一场关于运动的运动？没错吧？

凯文·哈特正是我们需要的人。

持续奔跑的男人

黑屏画面上打出了黄字："10 月的时候，凯文·哈特收到了苹果手表Nike+。"镜头切换到凯文坐在车里,用手机摄像头自拍。他举起一只黑盒子,说道:"我即将向你们介绍的是第一款苹果手表Nike+。噢,我的老天啊,跑步变得容易多了。"

接下来,凯文滔滔不绝地称赞他的新手表,但观众并没有听到更多具体内容。凯文没有谈到手表的功能,也没有提到所有的数字化创新,只是说"跑步变得容易多了"。

画面切成黑屏,浮现出文字:"第二天,他消失了。几个月后,一支摄制组在离他家七百英里处找到了他。"

接下来,我们看到了满脸大胡子的凯文在沙漠里跑步。他已经连续跑了几个月,像游牧民族一样睡在野外。"你瞧,以前跑步对我来说是件难事,"我们听见凯文说,"但后来,一切都变了。每天我一醒来,就会听见脑海中有个小小的声音,每天都问我同一个问题:我们今天跑步吗?"

最终,观众会意识到,凯文说的"小小的声音"其实是他的苹果手表Nike+,每天早上像闹钟一样把他震醒,小小的屏幕上浮现同样的问题:"我们今天跑步吗?"

"你知道我开始做什么了吗?"凯文问,"我开始回答这个问题。"镜头切换到凯文大清早钻出帐篷,高举双臂,迎接初升的旭日,大喊:"跑!"

"所以现在,"凯文说,"所以现在我一直跑,一直跑。"他与野狼一起奔跑(为什么不呢)。

耐克短片《持续奔跑的男人》(*The Man Who Kept Running*)于2017年发布,配合苹果手表Nike+产品问世。这款手表是两大巨头(苹果和耐克)在健身和移动创新方面的一次巨大飞跃。不过,这并不是两大品

第七章 引燃运动

牌首度合作。2006 年，苹果和耐克曾合作推出 Nike+，一款能装进耐克运动鞋里的跑步追踪器，还能与 iPod（苹果品牌的便携式音乐播放器）实现信息互通。十二年后，我们再度合作，尽管数字化硬件已经大大改变。此外，我也不再只负责品牌识别和发布会的体验设计。作为耐克首席营销官，我负责领导团队克服营销工作中方方面面的问题。

向世人介绍一款全新的创新产品时，目标永远是展示创新的优点，最好是直观又有内涵。耐克一向擅长使消费者对鞋履创新产生情感依恋。不妨想一想耐克 Air 在流行文化中的标志性地位——那远远超过缓震气垫带来的性能提升。现在，我们面临的挑战是为数字化产品（而不仅仅是鞋）创造类似的情感依恋。实物创新的优点通常比较直观（更轻盈的跑鞋能让人跑得更快），数字化创新的优点则不那么明显，尤其是它能让你做到前所未有的事。

更麻烦的是，数字化创新往往涉及众多功能，每种功能都有自己独特的优点。为了更好地宣传推广，我们考察了其他"为数字化服务讲故事的大师"，比如苹果和谷歌。极具讽刺意味的是，那两大品牌能成为讲故事大师，靠的是借鉴耐克的营销手册。模仿是最真诚的赞美，现在该是耐克回报赞美的时候了。谷歌和苹果的产品发布会都精彩纷呈，不是详细介绍具体的科技创新特色，而是聚焦于创新使消费者能做到的了不起的事。

为全新的苹果手表 Nike+ 做宣传时，我们需要抵制诱惑，不能聚焦于这款手表能做到的所有令人兴奋的事，而要将故事植根于真正使体验与众不同的地方。为什么消费者会想买这款产品？两个字：动力。没错，就是这个！所有复杂的科技功能都是为了给佩戴苹果手表 Nike+ 的跑步者提供所需的动力，把跑步变成更愉快、更上瘾的体验。每个不愿

灵感

意动起来的跑步者最需要的是什么？动力！我们的创意挑战就是确保消费者能了解这一点。

跑步是一项独特的挑战。与动力源于竞争的体育运动不同，跑步通常是个人的追求。独自一人上路，除了发自内心的动力，没有其他东西能促使你前进。也就难怪很多人选择了其他活动，或者放弃了把跑步变成习惯。简而言之，保持动力实在太难了。那么，我们怎么才能真正提升跑步的"酷元素"？我们怎么才能展示苹果手表Nike+会为跑步者和潜在跑步者提供所需的动力，促使他们持续奔跑？

我们给出的答案是一系列名为《消失》（Vanishing）的短片。短片由耐克与韦柯广告公司联合推出，由斯泰西·沃尔（Stacy Wall）执导。包括《持续奔跑的男人》在内，全部短片在犹他州的户外运动圣地摩押拍摄。斯泰西多年来编写并执导过多支耐克广告，了解耐克品牌的叙事调性和标准。他最大的贡献是让凯文加入了大量即兴表演。对像凯文这样的优秀表演者，你不需要写台词，只需要搭出框架，然后给他让道就行了。尽管我们的编剧写手都很出色，但成功源于给凯文自由发挥的空间，通过只有他才能办到的方式，向观众揭示了跑步的真相。我用了"真相"这个词，是因为凯文不光是作为耐克代言人在发声，还是作为一个曾经不愿跑步、后来找到了动力的跑步者在发声。更重要的是，他还借助这种动力激励了其他人。

在那一系列短片中，凯文·哈特扮演的是他自己。在收到附带Nike+的苹果手表后，他获得了跑步的动力。几个月后，一支摄制组发现他在沙漠荒野中，与动物交谈，与炎热和孤独做斗争。随着拍摄的推进，凯文轻松化身为痴迷跑步之人。他会在每次拍摄中调整自己的激动程度，从彻头彻脑的疯子轻松切换到只是略为疯癫的家伙。欣赏专业演员在表演领域攀上巅峰，对现场每个人来说都是一种享受。正如我们预期的那样，凯文也加入自己独特的点子。观众可能会认为凯文游牧民族式的大胡子是假的。错了，那是真的！留胡子是他自己的主意。

系列中的每一支短片都突出了苹果手表 Nike+ 的一项激励功能，例如记录跑步的配速、里程、进度，或是与朋友比赛。诀窍就在于不是以工程师的身份（我无意冒犯工程师），而是以刚得到这件新玩意儿的朋友的身份，向观众传达这些讯息。因此，正如我们在《持续奔跑的男人》中看到的那样，观众对手表的工作原理一无所知，只看到了它能派上什么用场。凯文在片头发表的点评"跑步变得容易多了"是每个潜在跑步者都希望听到的一句话。

这玩意儿是干吗用的？

它让跑步变得容易多了。

给我来一个！

关于运动的运动

凯文与耐克的合作并不局限于苹果手表 Nike+，我们还制作了一系列由他配音的跑步引导音频，用来为听众提供激励。想象一下，当你努力从睡梦中醒来，或是试图创造个人纪录时，凯文在你耳畔低语，逗得你哈哈大笑。此外，还有本章开头提到的"任我去跑"营销战役。这场营销战役于 2018 年推出，配合最新推出的耐克 React 创新科技跑鞋。"任我去跑"是到当时为止覆盖范围最广的全球产品发布活动。虽说看凯文在卡车后车厢慢跑很有趣，但与时长近两分钟的《任我去跑》广告

187

片相比，那可是小巫见大巫了。那部片子里不但有凯文出场，还出现了美国女子体操运动员西蒙·拜尔斯（Simone Biles）、橄榄球运动员小奥德尔·贝克汉姆（Odell Beckham Jr.），甚至还有科普节目主持人比尔·奈（Bill Nye）。

那部宣传片的构想是，地球停止了自转——正如片中电视新闻打出的标题《停转末日》(*Stopocalypse*)。为了让地球重新转动，每个人都需要跑起来。从美国到中国，世界各地的人都跑出家门，跟其他人一起参加这场人类之跑。其中有一幕，人潮向一个方向涌去，遇到了独自朝另一个方向跑去的凯文。凯文停下脚步，嘟囔了一声："为什么大家都往那边跑？"然后他转身跟着队伍跑了起来。

一位新闻主播表示："这番令人难以置信的努力，似乎是让地球重转的最后机会。"计划开始奏效了，地球又开始旋转……直到新闻主播接到了突发消息："所有人都跑错了方向！"人群停下脚步，转过一百八十度，重新开始跑。

片中最后一个镜头是心烦意乱的凯文。当人群从他身边跑过时，他愤愤地说："我就知道！我就知道我才是对的！"

从许多层面上看，凯文与耐克的合作都极具开创性。首先，合作基于双方共同的热情，双方都想激励各种类型的运动员。凯文一旦开始跑步，就希望其他人也能跟他一起跑。作为活动代言人，凯文就是所谓"催化剂"，能让大家坐直身子听他说话。其次，凯文与耐克之间的联系是苹果手表Nike+，这个小工具将帮助耐克和凯文实现帮助他人的愿望。最后，凯文的个人故事，以及他通过社交媒体所做的努力，意味着他的发声真实可信。凯文是一位励志大师，正是因为他知道"需要激励"意味着什么。他知道其他人需要听到什么励志话语——他们不光需要跑一次步的动力，还需要将跑步化为生活方式的动力。耐克与这个才华横溢、干劲十足的男人合作，就是为了做到一点：激励其他人做凯文做到的事，借助凯文发起一场关于运动的运动，让苹果手表Nike+给人们提供动力。当你将所有这些碎片拼到一起时，就会发现，品牌不光能利用营销工具销售产品，还能利用产品释放人类潜能。

在本章余下的部分，我将分享我参与策划的其他体验活动。其中每一场运动都是由科技创新引发的。

"赛跑全人类"：为全人类而跑

苹果手表Nike+营销战役是为了引发一场运动。九年前，没有搭载在苹果手表上的Nike+被用来引发了一场字面意义上的运动。想象一下，正如我们2007年在比弗顿做的那样，全世界的人（或者说尽可能多的人）在同一时间、同一地点、同一场比赛中一起赛跑。这在几年前是不可能办到的。这么大规模的活动是无法实现的，哪怕有最尖端的科技产品也不行。即使耐克组织了一次活动，让世界各地的人在同一天"赛跑"，也没有哪个跑步者会觉得自己在跟别人参加同一场比赛，没有什么能将墨尔本与马德里的跑步者联系起来。但现在，这项技术出现了。没错，仍然需要许多安排和策划，但假如……

这就是后来的"Nike+赛跑全人类"的起始。那场十千米挑战赛活动跨越多个大洲，覆盖二十五座城市，包括洛杉矶、纽约、伦敦、马德里、巴黎、伊斯坦布尔、墨尔本、上海、圣保罗、温哥华等。一切都发生在同一天，2008年8月31日，就在北京奥运会落幕一周后。每座参

灵感

与活动的城市中，挑战赛结束后都会举办一场庆功演唱会，有当时顶尖的艺人出场，包括美国音乐人莫比（Moby）、说唱歌手坎耶·韦斯特（Kanye West）、全才型创作音乐人本·哈勃（Ben Harper）、摇滚乐队打倒男孩（Fall Out Boy）、女歌手凯莉·罗兰（Kelly Rowland）等。

改变这一切的创新就是Nike+。正如它的后继者苹果手表Nike+在近十年后的今天做的一样，Nike+是帮助耐克实现"举办世界上最大规模赛跑"愿景的工具。

运动的开端

21世纪的头几年，耐克推出了自己的MP3播放器（我想补充一句，它也是当时市场上最顶尖的MP3播放器）。此外，我们还推出了一个极具创新意味的跑步网站，资深跑步者可以在此写下自己的跑步日志。唯一的问题在于，这两款产品都不太受欢迎，至少在大众市场上是这样。它们更多的是为资深跑步者服务，而不是为业余爱好者服务。正因为如此，它们从未真正流行起来。不过，我们注意到，普通跑步者通常会脚蹬耐克跑鞋，手腕或手臂上绑着iPod nano音乐播放器。

我们还意识到，普通跑步者（或是想要跑步的人）并不关心科技产品有多酷炫，也不会因为耐克的MP3播放器有那么多了不起的功能就掏钱购买。他们会买苹果的iPod播放器，因为他们有iTunes账户，而且用起来更方便。至于跑步本身，大家抱怨的主要是：跑步很无聊，很孤单，很难开始，而且真的很难坚持下去。如果耐克要设计一款能引起这些消费者共鸣的产品，就需要满足他们的需求……而不是我们希望他

第七章　引燃运动

们有的需求。

于是，耐克从 MP3 播放器和跑步日志网站中汲取经验，然后找来了苹果。2006 年，苹果与耐克的合作让运动与音乐走到了一起。最初的 Nike+ 是放进鞋里的传感器，通过 iPod 记录你跑步的距离和配速。消费者可以将自己的音乐播放列表与跑步路线结合起来，在跑出特定距离后播放特定歌曲。当然，真正的突破在于，Nike+ 的目标受众是慢跑者。他们没时间在事后记跑步日志，但觉得每次跑步都被自动记录下来很有激励效果。他们可以实时查看自己的进程，还能听到自己最喜爱的励志歌曲。

有趣的是，这款产品最初受到了一些人的抵制。值得注意的是，不确定这款产品能否热销的人是资深跑步者。对他们来说，动力不是问题。边听音乐边跑步会导致他们听不见自己的呼吸声，而用日志形式记录跑步更有仪式感。他们提出，Nike+ 不适合严肃认真的跑步者。相信产品能热卖的人对此的回答是：说得太对了。

在如今这个社交媒体盛行的数字化世界里，很难记得在不远的过去，曾经有一段时间，数码产品和社交媒体还是新鲜事物。我们就是在那个世界里开始打造 Nike+ 的。当时，app 指的还不是"应用程序"，而是在主菜前上桌的"开胃菜"。我们没有成功案例做指导，也没有最佳实践可遵循。我们不得不开辟自己的道路，运用网络上刚刚出现的极其初级的数字化工具。当然，如今我们有了相关规范和消费者的许可，但这些东西在当时都还不存在，我们甚至不确定消费者会有什么反应。对许多人来说，互联网只是他们打开笔记本电脑时看到的东西，而不是嵌入所有设备、无处不在的小玩意儿。消费者会如何回应这种程度的个人数据采集？除了最精通科技产品的消费者，Nike+ 将是很多人第一次体

灵感

验这类新型数字化工具。此外，Nike+ Running 也将把科技数码行业的许多人带进跑步的世界。它采集已经存在于新兴社交网络和早期社群网站中的数据，将其应用于运动界和健身界。简而言之，可以说我们引发了整场可穿戴设备的运动。

在这个关键时刻，我负责领导团队为发布会和营销战役打造品牌、包装，提供艺术指导和场地。耐克的标准一向很高，但现在我们的合作对象是苹果（另一个以高标准著称的品牌）。鉴于史蒂夫·乔布斯会亲自参与苹果品牌塑造的方方面面，我们毫无犯错的余地。通过设计团队之间的一系列品牌分享会，我认识了苹果的品牌视觉传播负责人浅井弘树。他向我描述了乔布斯对设计细节令人惊叹的关注程度：从新闻稿标题的字母间距，到品牌标志的摆放位置，再到产品照片的构图，乔布斯会仔细检查每个细节，哪怕再微不足道的地方也不放过。这并不奇怪，因为乔布斯是品牌建设的天才。十五年前我在耐克实习的时候，已经从当时的导师约翰·诺曼身上学到了凡事要精准，但乔布斯对细节的痴迷要更上一层楼。

我和团队必须为这个新构想打造品牌识别。一开始，我们的想法是在耐克的"对勾"图标旁边放上一个简单的加号，代表这个数字化工具带给品牌的附加元素。我们尝试了若干方案，包括使用"Plus"这个单词。在否决了那些想法后，我们把注意力集中在了加号上，试验了不同大小、距离、高度和装饰细节，提出了上百套不同的方案。最终赢家是一个略显圆润的加号（几乎看不出来，但请相信我，加号的边缘确实有弧度）。我们当时并不知道，自己刚刚开启了数字化品牌建设的趋势，这种趋势一直延续到了今天。从迪士尼到沃尔玛，各大品牌都加入了加号符号，代表自己的数字化会员服务。好吧，我们耐克是头一个！这也

第七章 引燃运动

是我们唯一一次敢于调整"对勾"图标。项目的重要性要求我们不得不破例，毕竟我们在打造一个全新事物——它是耐克，但也是耐克的增强版。怎么才能充分表达这一点，既不加重"对勾"图标的负担，也不削弱它的影响力？答案就是加号。

我们的另一项任务是设计平面海报，代表耐克与苹果两大品牌的合作，同时展示两款原本不相容的产品合并为一款完整产品。我们努力的结果就是耐克内部称为"蝴蝶"的东西。整个图案是两只竖起的黑色耐克跑鞋，鞋底相触。两只鞋中间立着一台银色的 iPod nano，耳机线蜿蜒缠绕在鞋上，仿佛在将两款看似不相容的产品绑在一起。两者彼此无缝衔接互动，也与使用它们的运动员互动。轻盈，动感，简明。

我们还负责设计运动员平面海报，展示产品在人身上的表现。这比听起来困难得多，因为要宣传的产品是一款鞋内圆形传感器加上一台 iPod nano。我们如果把注意力放在屏幕上，就会把运动员排除在外。最终解决方案是聚焦于使用产品的运动员，但又不真正展示产品本身。为了做到这一点，我们在运动员海报上叠加了跑步者会在 iPod 屏幕上看到的数字指标：配速、距离等。这么做非常完美，因为运动员和产品都是我们的优先考虑，这样就能将两者纳入同一画面。同时，它也开创了一个先河。如今，互动健身平台 Peloton、跑步骑行记录应用 Strava、动感单车健身俱乐部 Soul Cycle 等都使用同样的做法，在海报中的运动员身影之上叠加个人健身数据。不过，头一个这么做的是耐克。

193

激进创意合作

发布活动的前一天晚上，团队中的许多成员都在纽约切尔西码头跑圈。我真希望能说这是为了摆脱最后时刻的紧张，可惜并不是。随着时间一分一秒流逝，我们必须确保每一件 Nike+ 演示产品都能完美运作，跟我们宣传的一样。我们即将展示革命性的科技，结果必须与宣传相符。大约一百名记者将到现场亲自试用产品，如果其中有几件无法顺畅运作，那会登上第二天的新闻头条。

毕竟，很难向记者描述 Nike+ Running 是什么。我们设置了演示台，让每位媒体记者亲身体验，因为世上还没有能形容它的词语。它的方方面面都是全新的：有个传感器能放进你的鞋里，塞到鞋垫底下，与你的 iPod 同步。你可以添加好友，也可以设置挑战，还可以播放带给你额外动力的励志歌曲。一切都是前所未有的。要想让媒体心悦诚服，我们就必须向他们展示如何使用。我们团队里的每个成员，只要是当天要接触记者的，都必须让未来显得触手可及又振奋人心。

当时是 2006 年 5 月 24 日，这意味着纽约还有可能降温。你猜怎么着？那天冷得吓人。虽然切尔西码头的所有设施都在室内，但室内没有暖气，我们团队成员的穿着既不保暖，也不适合跑步。不过没关系。凌晨两点半，团队中大多数人都穿着工作服绕切尔西码头跑圈。每当一名成员跑完一圈时，就会按下 iPod 上的按钮，以便取得反馈数据，然后长按按钮，让励志歌曲继续响起。每一件演示产品都运作顺畅。对耐克和苹果的团队来说，那是个奇妙的时刻，我们共同创造出了前所未有的科技产品。那是一次真正振奋人心的合作。许多人眼中都蓄满了泪水。

不过，我们还没有脱离险境。尽管演示产品运作顺畅，但在大幕开

第七章　引燃运动

启之前还有其他障碍需要克服。在切尔西码头举行的发布活动是一项大工程，我们就像在为"超级碗"做准备。简报会要求我们打造一个空间，设置精心安排的用户体验，满足媒体和分析家众多不同的需求。会场上安排了舞台和展示区，还有供媒体体验 Nike+ 的产品与互动区，最后还有一个大型区域，供运动服饰与跑鞋零售商同耐克销售人员会面并下订单。主舞台区是个圆形剧场式的巨大空间，耐克和苹果两大品牌的首席执行官将在这里展开对话（类似于乔布斯著名的产品发布会），共同介绍 Nike+ 的理念。

正如该项目的营销总监瑞奇·恩格勒伯格（Ricky Engleberg）所说："观看发布会彩排，就像观看 1992 年的'梦之队'练习。"从听取乔布斯对演讲稿中某个比喻给出反馈，到目睹受邀首次尝试创新科技的运动员的反应，那确实是一次千载难逢的经历。

此外，我们还见识到了乔布斯对细节的高度关注。这位苹果负责人说得很清楚，在产品体验涉及品牌跨界合作的地方，只要出现了耐克的"对勾"标志，就必须紧挨着出现苹果标志，而且两者必须大小相同。我指示团队严格遵循这个要求。但有一个问题，那就是受邀媒体试用 Nike+ 的无数张演示桌上只有"对勾"标志。彩排当天，乔布斯注意到了这一点，并传话说，必须在活动开始前解决这个问题，不许有例外。事实上，每张桌上都摆了三台 iMac 电脑，上面都有苹果标志，但这不重要。我召集起团队成员，说我们需要把品牌标志改成苹果与"对勾"的组合，而且需要在发布会开始前完成。他们有四十八小时用切割好的乙烯基材料制作四十个苹果加"对勾"标志，然后在活动前一晚重新给演示桌上漆。因此，除了测试演示产品的跑圈人员，我们还有另一个团队忙着修改媒体桌。但这么做的结果非常值得。苹果和"对勾"标志并

195

灵感

肩排列的视觉效果棒极了，向所有来宾（尤其是媒体）说明了即将开始的发布活动融汇了两大品牌的精华。

大幕开启后，我们通宵工作的成果斐然，发布会大获成功。我们在切尔西码头七万五千平方英尺的空间里充分展示了品牌的力量，达到了预期效果，赢得媒体好评如潮。我团队中的一名艺术总监斯科特·丹顿·卡杜（Scott Denton Cardew）在发布会前连续熬了好几晚。发布会开始后，他终于可以卸下筹备工作的重担。于是，他去吃了一份丰盛的英式全餐，喝了一杯威士忌，又灌了几品脱[1]吉尼斯啤酒——那是一顿庆功早餐。接下来，他足足睡了一周。

Nike+ 与 iPod 的结合是创新领域两大巨头激进创意合作的成果。它不仅开启了可穿戴设备运动，也开创了无缝互动的设备互联时代。消费者第一次无须医疗专家或教练的帮助，就能看到个人健康与健身数据，包括配速、距离、消耗的热量等。随着时间的推移，iPod 将被苹果手机 iPhone 取代（当时距离 iPhone 上市只有一年时间），这将进一步提升消费者与数据的无缝整合。到 2012 年，已有七百万用户加入 Nike+ 社群。

到了 2008 年，Nike+ 的成功让我们相信，有了这项技术，就能举办人类历史上最大型的赛跑，也就是所谓"赛跑全人类"（Human Race）。在正式参与比赛的城市，跑步者可以通过耐克网站上传、追踪、评价自己和世界上其他人的成绩。最关键的一点是，不在这些城市的人也能通过 Nike+（现在已经升级为应用程序）参加比赛。无论是在耐克赞助的城市还是在本地社区，他们都能上传自己的跑步成绩，并与其他人做比较。

1.品脱：英美制容量单位。用作液量单位时，1 品脱（英）=0.5683 升，1 品脱（美）=0.4732 升。

二十四小时结束时，一百万名跑步者总共跑了八十万二千二百四十二英里，相当于绕地球三十二圈。让我们倍感自豪的是，这些跑步者很多都来自举办过重大活动的城市。这实现了耐克的雄心壮志，也就是帮助城里人走出家门，踏上跑道。就我自己而言，我记得在比赛结束后看着数字排行榜，为自己被美国影星马修·麦康纳（Matthew McConaughey）击败而沮丧不已。继"赛跑全人类"活动大获成功之后，2015年我们的愿景是让8月27日成为"史上最快一日"（Fastest Day Ever）。我们向世界各地的人发起挑战，让他们在同一天用最快速度跑完一英里。通过使用Nike+数据和谷歌街景，我们为世界各地的跑步者提供了每个人跑步路线的个性化视频。上述这一切之所以能实现，是因为我们的愿景是打造一款产品，它的目标受众不是精英跑步者，而是需要额外动力才能系上鞋带的潜在跑步者。这项科技创新使跑步者更容易获得个性化实时数据，并与世界各地的其他人紧密相连，进而组织了一场围绕跑步的运动。跑步或许仍然是一个人的事，但当你成为运动的一部分时，就会感觉不再孤单。

把握分秒

在2012年的一部YouTube视频作品底下，用户"蓬松企鹅"留下了这样的评论："这要么是一部杰作，要么是某人卷走赞助费，然后随便乱拍的视频。"

蓬松企鹅先生（或者女士），谁说两者不能兼顾呢？

那部短片名为《把握分秒》（*Make It Count*），始于一双手打开Nike+

灵感

FuelBand智能手环的包装盒。手环嵌在椭圆形凹槽里，椭圆中央写着："生命是一项运动。把握每分每秒。"那双手掏出FuelBand智能手环，在手里拿了一秒钟。接着，画面切换到一个男人跑出某座城市的某扇大门。确实是"跑"。他在人行道上飞奔，跑出了画面。画面变成黑屏，浮现出以下文字："耐克请我拍一部关于#把握分秒#意味着什么的片子。"文字向上滚动，就像电影《星球大战》的片头一样。"我没有拍他们要的片子，而是把预算花在了跟朋友麦克斯一起环游世界，直到把钱用完为止。一共花了十天。"

片子接下来的四分钟展示了YouTube著名播客凯西·奈斯塔特（Casey Neistat）与朋友麦克斯环游世界的过程（实在难以用文字描述）。他们从纽约出发，飞往巴黎，再从巴黎飞往开罗，然后……呃，然后就很难解读他们的路线了。不过，我们看到了伦敦、约翰内斯堡、赞比亚、内罗毕、罗马、多哈（或者正如凯西面对镜头所说，"回到多哈"）、曼谷，也许还有其他一些城市。贯串整部片子的一幕是，凯西从画面的一端跑向另一端。从跑出办公室大门开始，他一直在上述地方跑呀，跑呀。他持续奔跑，从不停歇，总在移动。他还从某些平台上做后空翻，从不可思议的高处跳水，还有做倒立。然后，钱花光了，最后一个镜头是凯西（从相反的方向）跑进办公室大门。

在凯西的整个旅行过程中，屏幕上会打出一些名人名言，它们有着共同的主题。

"生活要么是一场大冒险，要么是一无所有。"

——海伦·凯勒（Helen Keller）

第七章　引燃运动

"买好票，上路吧。"

——亨特·S. 汤普森（Hunter S. Thompson）

"生命只有一次，如若精彩，一次足矣。"

——梅·韦斯特（Mae West）

"最重要的是勇于尝试。"

——富兰克林·D. 罗斯福（Franklin D. Roosevelt）

"我从不担心未来，它很快就会到来。"

——阿尔伯特·爱因斯坦（Albert Einstein）

"从不犯错的人只会一事无成。"

——贾科莫·卡萨诺瓦（Giacomo Casanova）

"每天做一件让你害怕的事情。"

——埃莉诺·罗斯福（Eleanor Roosevelt）

"如果我凡事循规蹈矩，就不会有如今的成就。"

——玛丽莲·梦露（Marilyn Monroe）

"行动高于一切。"

——甘地（Gandhi）

灵感

这部片子最妙的地方在于，观众看到的就是实际上发生的事：凯西拿到了经费，听取了简报，然后就……出发了。他做了一件出人意料的事，花光了经费，然后带着完工的项目回来了。这个项目就是，他在毫无计划的情况下，戴着 FuelBand 智能手环环游世界。他把片子作为成品交给我们，说："搞定了，拿着吧。"

好吧，这基本上是真事，只有一个小小的调整，那就是片中列出的名人名言。凯西还差一句名言，前来征求耐克的意见。耐克提出的唯一条件是，那句话必须属于公共版权领域。换句话说，只要是一百年前某人说的话就基本没问题。这让凯西想到了美国第十六任总统亚伯拉罕·林肯（Abraham Lincoln），并找到了这句名言："生命的意义不在于活多少岁，而在于如何度过这些时光。"完美！

于是，我们得到了这部片子。它是只有凯西才能创造的辉煌，也是只有耐克才能讲述的故事。这部片子令人印象深刻，因为它展示了生命是一项运动，你需要把握每分每秒。它成为耐克有史以来观看次数最多的 YouTube 视频，而且是通过用户自发疯传获得的，而不是靠投放媒体广告买来的。它可能是耐克史上投资回报率最高的广告片。

它也是向世人介绍耐克的创新产品——智能手环 FuelBand 的完美方式。

如何发起运动

2012 年，耐克推出了革命性的 Nike+ FuelBand 智能手环。它是一款全新的活动追踪器，可以戴在手腕上与手机连接。佩戴者能追踪自己的身体活动、每日步数和在多种运动中消耗的能量。它是到当时为止最民主的运动传感器，毕竟锻炼与健身已经成为跨多平台的共享活动。我们在 2006 年与苹果合作推出 Nike+ Running 时（那是在脸书网成为主流社交媒体平台之前，更是在推特和照片墙出现之前）就意识到，分享以数字化形式记录的跑步能给跑步者动力，让他感受到来自朋友和其他跑步者的认可。突然之间，跑步本身似乎不重要了，除非你用 Nike+ 记录下来。

正是这种洞见——这款产品能赋予消费者力量，让他们的健身时刻变得有意义——让我们开始设想耐克的新一代可穿戴科技。当时担任耐克首席营销官的大卫·格拉索向团队简明扼要地阐述了这一点。他宣布："让我们开始一场革命吧。"他的意思是，市场似乎已经准备好了接受一款新产品，它将彻底改变消费者看待自己健身数据的方式。我们预见了一个新时代，在那个时代，哪怕是跑步菜鸟也对自己的健身数据了如指掌，对自身健康与运动的了解超过五年前的医生。

这种发起运动的呼声引起了耐克内部的共鸣。大卫要求团队研究其他类型的革命，从政治革命到社会革命再到文化革命，找出使它们取得成功的共同线索和策略。我们怎么才能从这些历史运动中获得灵感，打造出能引发 Nike+ FuelBand 革命的营销计划？

第一步，我们意识到需要一个行动号召，一句口号。它不但要鼓舞人心，还要能激励消费者为共同事业奋斗。我们最开始想出的是"一切尽在掌握"（Make Everything Count）。它很好地展示了 FuelBand 能追踪指标的范围，只是有点儿太啰唆了。最后，我们选择了"把握分秒"（Make It Count），这有两个原因。首先，我们喜欢这句话，它听起来像一个承诺，一个真正的行动呼吁，像是"我会让这件事变得有意义"。

其次，它与"放胆做"（Just Do It）形成了呼应。"It"早已刻进了耐克的基因。就这样，"把握分秒"成了活动口号。

研究各类革命的过程中，我们偶然发现了企业家德里克·西弗斯（Derek Sivers）的TED演讲，讲的是如何发起一场运动。它对我们做策划很有帮助。德里克在演讲中放了一段视频：某个户外音乐节上，一大群坐着的人中间，有个小伙子翩翩起舞。德里克在旁边解释说，第一个这么做的人只是个孤独的疯子，他并没有真正开启什么，别人只是觉得他有点儿不正常。但后来，有人加入了他的行列，因为这个孤独的疯子让人觉得跳舞没问题。第一个跳舞的人没有忽视新加入的人，并衷心欢迎新人加入。曾经的孤家寡人现在有了第一个追随者。此外，在其他人看来，那个追随者使孤独的疯子做的事显得合情合理，也使加入跳舞的行列变得更容易了。毕竟，他们身处音乐节。他们想要跳舞，去参加音乐节就是为了跳舞。随着加入的人越来越多，现场形势彻底扭转。现在，不跳舞反而显得格格不入了。最终，所有人都舞动起来。德里克总结说，要发起一场运动，不但需要一个孤独的疯子，还需要第一个追随者。这大大激发了我们的灵感，帮我们敲定了FuelBand智能手环的营销愿景。

招募，集结，嘶吼

作为那次发布会的营销负责人，大卫·施里伯（David Schriber）将营销计划拆解为"招募，集结，嘶吼"（Recruit, Rally, Roar）三个阶段。前两个词是我们从西弗斯的TED演讲里借用来的。"招募"意味着我们必须找到一群勇敢的人，让他们做出引人注目的举动。不仅如此，他们还必须是优秀的领导者，能接纳后来加入的人。于是，我们列出了一份代言人备选名单，他们都能向其他人分享自己使用FuelBand智能手环的体验。这些人涉及的领域极广，横跨体育、电影、音乐、舞蹈和游戏界。

"集结"则是将行动号召变成具体行动。换句话说，只有以行动为基础，"把握分秒"才能作为集结口号发挥作用。我们不光希望消费者购买FuelBand智能手环，还希望他们分享自己的日常活动得分。我们深知，分享将引起友好的（也可能是激烈的，具体取决于消费者本人）竞争，而竞争能给人动力。随着游戏、对抗与竞赛自发涌现，这场运动将不断扩散，吸引那些不关心这项技术、只想参与其中的人。我们也深知，可以通过耐克的社交媒体频道与话题标签，成倍放大这种分享行为。例如，我们可以在零售店大屏幕上打出Fuel得分，你可以追踪美国职业橄榄球大联盟四分卫安德鲁·勒克（Andrew Luck）一整天的辛苦健身成果，看看自己能不能赶上。

"嘶吼"不是从西弗斯的演讲里截取的，而是大卫自己编造的，指代庆祝。一旦有足够多的消费者使用FuelBand智能手环，我们就能为这些用户量身定制活动，让他们聚在一起大肆庆祝。

我们最早招募的人里就有网红播客凯西。在制作《把握分秒》短片之前，他还制作了一支"预告片"，作为产品官方发布会的前奏。那部片子故意做得相当隐晦，只展示了普通人的日常运动，用于树立"体育运动"无处不在的理念。片子结尾的镜头是一辆纽约出租车的车尾，上面画着涂鸦，暗指Nike+。正如我们希望的那样，片子发布后，市面上传出了小道消息，说耐克即将推出全新的可穿戴设备。片中还分享了我

203

们的行动号召#把握分秒#。2012年元旦期间，它成为推特上火爆程度排名第二的话题标签，仅次于#新年快乐#。我们还邀请一百三十名耐克赞助的运动员在推特上发布自己的运动目标和愿景。2012年是奥运年，有许多值得发推特的东西。更多人自发加入进来，使这场运动在不知不觉间拉开了帷幕。当然，凯西最伟大的贡献是那部大师之作，它也是官方发布会的一部分。在片中，凯西完美呈现了"把握分秒"的精神，以及FuelBand智能手环蕴含的力量与承诺。

但凯西制作的短片并非这场营销战役的官方"广告"。它专为YouTube打造，通过社交媒体传播与分享，目的是成为人们疯狂转发的"病毒"视频。至于官方广告片，我们坚持凯西在他作品中探讨的观点，以及我们通过营销战役树立的理念——定义体育的不是规则或比赛，而是运动本身。官方广告片源于耐克内部的一支创意提案片，由各类运动的视频剪辑片段组成，有些因为能触动人心而"算数"（count），有些则因为无法触动人心而"不算数"（not count）。其中许多都是从著名电影、电视剧、YouTube视频和体育报道中抓取的片段。在官方广告片中，我们保留了创意提案片的整体观感。事实证明，那是个巨大的挑战。从法律和版权的角度来看，那是耐克在1987年取得披头士名曲《革命》使用权后最难拍的一支片子。我们将冒险电影《夺宝奇兵》（Indiana Jones）、奇幻电影《绿野仙踪》（The Wizard of Oz）、巨蟒剧团（Monty Python）表演片段和电影《莫扎特传》（Amadeus）的场景剪辑到一起，每个场景都是根据人物动作精心挑选出来的。我们还把动画片《大力水手》（Popeye）、李小龙主演的功夫片和犯罪喜剧片《谋杀绿脚趾》（The Big Lebowski）的片段剪辑到一起，彼此相隔不过几秒钟。（顺便说一句，李小龙那个片段属于"不算数"的例子。）长达

第七章 引燃运动

一分钟的广告片里没有一个原创镜头，全是从电影、电视剧、YouTube视频或体育赛事中选取的片段。所有这些片段被剪辑到一起，创造出极具动感的运动蒙太奇。片尾打出字幕"生命是一场运动，把握每分每秒"，随后是 FuelBand 智能手环的一个镜头，加上由美国男演员汤姆·休斯克（Tom Hulce）扮演、头戴标志性粉色假发的莫扎特作为指挥，打出收拍的手势。

为了获得这些标志性场景和人物镜头的使用权，整个团队夜以继日地工作。直到最后一刻，我们还没找到1979年电影《战士帮》（The Warriors）中扮演纽约地下王者赛勒斯（Cyrus）的演员罗杰·希尔（Roger Hill）。他的名句"你会算数吗，浑蛋？"（Can you count, suckas？）拉开了片子的序幕。由于这一幕开启了"算数"这个概念，所以绝对不能剪掉。时间一分一秒过去，终于有人找到了已成为图书管理员的希尔，并取得了他的许可。

在著名喜剧人吉米·法伦（Jimmy Fallon）主持的一场大型媒体活动上，我们放映了那部片子，并当场发布了 FuelBand 智能手环。（活动开始前的一个小时里，我一直在用 iPhone 查看影片的最终剪辑版。）发布会还在进行，网上就在短短几分钟内售出了几千根手环。很快，所有手环被一抢而空。直到几周后，我们才得以向市场投放更多手环——这虽然是个问题，但却是个很好的问题。一场运动正在成形。

嘶吼

我们已经招募集结完毕，接下来该放声嘶吼了。我们认为，在得克

灵感

萨斯州首府奥斯汀市举行的西南偏南大会（SXSW）[1]将是发出吼声的最佳时机。奥斯汀是一座活跃的城市，拥有庞大的跑步社群，更别提即将举行的西南偏南大会了。它除了是一次科技展会，还是一场音乐节。我们竭力打造了一座充满未来感的户外运动场。在那个空间里，我们可以将精彩的音乐演出与体育运动结合起来，并融入FuelBand智能手环的体验。

运动场中央是一块长达一百英尺的电子广告牌，屏幕上显示着Fuelstream数据流，也就是由佩戴FuelBand智能手环的参与者提供数据的排行榜。广告牌上还列出了预定的活动安排，包括新款球鞋的发布时间。使广告牌在盛会上脱颖而出的一点是，它会对自己前方的运动做出反应。如果没有人在它前面移动，广告牌就会变成红色；而一旦有人在它前面移动，广告牌上就会出现深浅不一的橙、黄、绿色剪影随人移动。例如，步行者的剪影在广告牌上显示为橙色，短跑者的剪影则闪烁着绿色。等到来宾弄清了这种交互关系，就会通过不同的运动让广告牌变换颜色。整个场面相当有趣，也恰好契合我们的主题"与运动有关的运动"。人们成天围着它转。

但最吸引眼球的还要数我们的室内音乐场地。它也会对运动做出反应，所有内墙都会根据人群的移动从红色变成绿色。我们邀请了男子乐队The Girl Talk、电音组合Major Lazer和双人乐队Sleigh Bells上台表演。当他们调动起观众的激情时，整个房间会像圣诞树一样流光溢彩。奇妙的色彩变幻从场地外面也能看得见。弗罗斯特大厦是城里最高的建

1.西南偏南大会：每年在美国得克萨斯州举办的创新大会兼音乐盛典，涵盖音乐、科技、电影、人文、商业等诸多元素。始创于1987年，最初只是先锋但小众的音乐节，随着1995年逐渐融入电影、交互式多媒体板块后，逐渐发展为世界上极具影响力的文化艺术综合盛会。

筑，就矗立在音乐场地外面。我们给那栋大厦设计了一套灯光系统，当会场里的人群通过舞动让墙壁亮起来时，大厦外立面也会同步上演灯光秀，闪烁起红黄橙绿的彩光。这情景看起来就像大厦自己在跳舞，在几英里外都能看见。

"嘶吼"的最后一个元素没有那么创新，但同样庆祝了 FuelBand 智能手环引燃的运动。我们请耐克服饰团队设计了一款 T 恤，胸前用耐克 Futura 字体写着："我跟乐队在一起（I'M WITH THE BAND[1]）。"这款创意 T 恤联动了整个活动体验。那句话一语双关，意味着如果你拥有 FuelBand 智能手环，就能享有与乐队成员同等的待遇——当然，这是拿西南偏南大会的音乐元素玩文字游戏。乐队成员能享受到珍馐美味，直通后台获得炫酷赠品，与名人和运动员见面，最重要的是不用排队。如果你拥有 FuelBand 智能手环，就能获得贵宾权限，享受耐克在西南偏南大会上提供的所有服务。身穿那款 T 恤的与会者可以进入我们的影片放映、音乐演出和艺术展览场地。每个场地外都挂着醒目的标志，上面写着"跟乐队在一起"。你可以从后门进入，在我们设置的巨大户外"温室"里闲逛。

西南偏南大会于 3 月 18 日落幕。我们给电子屏幕拍了最后一张照片，上面是 FuelBand 智能手环显示"目标达成"，给活动画上了完美的句号。一位评论家在推特上表示："耐克是西南偏南大会的赢家。不是某家科技公司，也不是某支乐队，而是耐克。"

1.I'M WITH THE BAND：BAND 有"乐队"和"手环"双重含义，因此，这句话既可以理解为"我跟乐队在一起"，也可以理解为"我有手环"。

赋予意义

　　优秀的品牌能创造令人难忘的时刻，伟大的品牌能创造运动。但任何一场运动都需要始于远大愿景：我们想要实现什么？换句话说，既然品牌运动与产品紧密联系，那么更好的问题是：我们希望这款产品能实现什么？不是做到，而是实现。它能促进什么？能如何改善消费者的生活？找出这些问题的答案，你就有了那场运动的愿景。

　　营销人士常常过于关注产品功能，而忽略了它能做到什么。它拥有最新的科技、最好的材质、最快的引擎、最美的界面……这些可能都千真万确，但对真正想了解基本功能的人来说，这相当于什么也没说。那些人只想知道一点：这款产品能怎么帮到我？能帮到一个人，就相当于能帮到许多人。不过，千万别止步于此，别只把一个消费者变成你产品的信徒，而要帮助他们转化其他人，积极围绕产品打造一番事业。

　　从一个人变成许多人，从一个孤独的疯子（或者品牌代言人）变成整个音乐节上的舞者，从一个不情愿的跑步者变成全城人一起跑，最终登上费城艺术博物馆的台阶。运动是由社群引领的；当社群中的人相信自己是宏伟事业的一部分，相信这番事业不但能帮助自己，还能帮助自己周围的人时，那场运动就会蓬勃发展。这种携手共进的感觉，大家一同释放潜力的感觉，是促使他们继续前进的动力。

　　发掘你的产品蕴含的潜力，就能帮助消费者发现自身潜力。

"引燃运动"基本原则

1. 大胆畅想未来

运动关乎做出改变。目标应该是可实现的，但也应该足够大胆。毕竟，大胆无畏要比战战兢兢令人振奋。它应该让梦想家骤然起身，让怀疑论者嗤之以鼻。你想要的是梦想家。就让怀疑论者继续瘫在沙发上吧。

2. 行动的催化剂

运动需要一位鼓舞人心、极具魅力的领导者。他必须既有亲和力，又能作为行动的催化剂。你的消费者需要感受到领导者的激励，也要能从领导者身上看到自己的影子。

3. 赋予权力的工具

成功的运动与赋予权力的工具紧密相连。所谓"赋予权力的工具"，就是能让人实现大胆目标的手段。很多时候，品牌方认为科技优势能增加对消费者的吸引力。事实上，尽管人们关心产品的科技内涵，但更关心自己能用产品做些什么。

4. 运动需要重大时刻

利用某个时间或地点，让人们看到自己是宏伟事业的一部分，这番事业既有意义又在不断扩展。起初，他们孤独寂寞，想要分享梦想，但却无法实现。如今，他们成了宏伟事业的一部分，成了重要事物的一部分。这将使他们成为比过去更优秀的人。

第八章 **拉近距离**

提高我们的观察、倾听与感知能力,找出不受关注的社群被忽略的需求。

灵感

2016 年 7 月 13 日，在年度体育杰出贡献奖（ESPY[1]）的颁奖典礼上，篮球明星卡梅隆·安东尼（Carmelo Anthony）、克里斯·保罗、德怀恩·韦德和勒布朗·詹姆斯做了史上最有力的开场发言。

"几代人之前，像短跑名将杰西·欧文斯（Jesse Owens）、美国第一位黑人棒球运动员杰基·罗宾森（Jackie Robinson）、'拳王'阿里、短跑名将兼橄榄球运动员约翰·卡洛斯（John Carlos）和田径运动员托米·史密斯（Tommie Smith）这样的传奇人物，以及 NBA 球员卡里姆·阿卜杜勒-贾巴尔、橄榄球运动员吉姆·布朗（Jim Brown）、女子网球选手比莉·珍·金（Billie Jean King）、第一位夺得网球大满贯男单冠军的黑人球手阿瑟·阿什（Arthur Ashe）和无数其他人，为运动员应该代表什么树立了榜样。"保罗说，"因此，我们选择追随他们的脚步。"

促使这四位运动员走上洛杉矶微软剧院舞台的，是此前发生的针对黑人的枪击事件。一周前，奥尔顿·斯特林（Alton Sterling）和菲兰多·卡斯蒂利亚（Philando Castile）在两起不同的事件中被警察枪杀，引发了美国各地的抗议活动。这是眼下的问题，此外还存在其他问题，更深切的悲剧。那些悲剧可以追溯到几个世纪以前，是美国社会一直无法调和的问题。

1.ESPY：美国 ESPN 电视台创办的年度奖项，由浏览 ESPN 网站的体育迷通过网络投票选出各奖项得主，奖励过去一年中在体育赛场上表现最佳的运动员。ESPY 颁奖典礼被誉为"体育界的奥斯卡盛会"。

第八章 拉近距离

安东尼说:"体系出了问题,问题不是新出现的,暴力不是新出现的,种族鸿沟也不是新出现的,急需进行改革。"

四位运动员一个接一个谈到了自己在当前危机中扮演的角色,以及他们如何站出来,帮助其他人体会到站出来的紧迫性。

"今晚我们纪念的是'拳王'阿里,史上最伟大的运动员,"詹姆斯说,"但为了对得起他留下的遗产,让我们利用这一时刻向所有职业运动员发出号召,呼吁大家去了解这些问题,探讨这些问题,勇敢发声,利用我们的影响力,杜绝一切暴力行为。最重要的是,回到自己的社区,投入时间和精力,重建、强化并改变它们。我们每个人都必须做得更好。"

看到这里,我心想:没错,我们确实必须做得更好。这四位黑人球员追随"拳王"阿里的脚步,而阿里是激励我一生的伟人。当时,我担任耐克首席营销官刚刚两个月。听完他们的发言后,我突然感到了紧迫感,同时也充满了勇气。我之所以有紧迫感,是因为四名球员向所有人发出了号召,让大家都站出来。正如耐克过去所做的那样,是时候放大运动员的声音,让人们关注美国黑人的挣扎和系统性种族主义的残留了。机会就摆在我的眼前。

我之所以充满勇气,是因为在那一刻体会到了深深的责任感,或者说是重新发现了自己一直以来背负的责任。耐克曾发声促进全美国乃至全世界的公义事业,而如今是关键时刻,但凡有能力的人都必须发挥领导作用,推进变革。现在,这四位运动员提醒我:是时候采取行动了。关键时刻已经来临,行动迫在眉睫。

凡是涉足体育界的人,眼前都摆着同样的问题:体育与种族不平等的交集在哪里?这两个概念是如何发生联系的?答案:安东尼、保罗、韦德和詹姆斯。他们为那些无法忍受的人站了出来。

他们是运动员，伟大的四位运动员。他们告诉我们，这个问题与体育有关。就在那一刻，我决定以他们为催化剂，从体育运动中寻找更深刻的洞见，揭示美国社会严峻的现实。

受到这场演讲的激励，在第二天乃至接下来的许多天里，我和团队都在思考该如何接受他们发出的挑战。

我们需要发挥领导作用。耐克将会发声。是时候站出来了！

站出来，说出来

2004年10月，西班牙国家足球队教练路易斯·阿拉贡内斯（Luis Aragonés）当着记者和摄制组的面，试着给队内一名球员加油鼓劲。他说："告诉那个黑鬼，你比他强多了。别藏着掖着，告诉他。把我的原话告诉他。你得相信自己，你比那个黑鬼强。"阿拉贡内斯指法国队的黑人球员蒂埃里·亨利（Thierry Henry）。

不幸的是，国际足球界的种族歧视并不罕见。球迷往往是最糟糕的肇事者，乃至出现了一个专有名词，用来形容一些球迷对黑人球员的侮辱。那被称为"学猴叫"（monkey chants），因为球迷会故意发出类似猴子的叫声。当时，球员之间的种族歧视也在增加。此前的几年里，出现了几起黑人球员被对方球员和教练称为"黑鬼"的事件。阿拉贡内斯的那句话足以让法国球员亨利表示："够了，适可而止吧。"

就在这时，耐克介入了。

耐克与亨利合作，于2005年1月在欧洲各地发起了"站出来，说出来"（Stand Up, Speak Up）营销战役，旨在引发一场运动，反对长期以来玷污足球的种族主义文化。其他一些球员也参与其中，包括里奥·费迪南德（Rio Ferdinand）、韦恩·鲁尼、罗纳尔迪尼奥、C罗和阿德里亚诺（Adriano）。营销战役的核心是一支三十秒的短片。在片中，亨利和其他球员一个接一个举起印好的标语牌，上面写着：

> 我爱足球
>
> 我爱挑战
>
> 我爱
>
> 进球的声音
>
> 球迷们
>
> 欢呼雀跃的声音
>
> 然而
>
> 我们仍然受到欺辱
>
> 就因为我们的肤色
>
> 我们需要你的发声
>
> 去淹没那些种族主义者
>
> 无论你在哪里听到他们的声音
>
> 都请说"不"

整支短片中唯一一句用嘴说出的话是："站出来，说出来。"

短片的核心洞见是，许多人并不是种族主义者，却是"沉默的大多数"。他们热爱美妙的足球运动，不在乎球员是什么人种，厌恶用种族主义玷污足球的人。这部短片是拍给他们看的，告诉他们，世界上最优

灵感

秀的球员站在他们一边。为了拯救他们热爱的足球运动，他们必须为之奋斗；在这场战斗中，他们并不孤单，亨利和其他球员将与他们站在一处。短片用五种语言拍摄，投放到整个欧洲大陆。

不过，正如我们在第七章中看到的，仅仅一支广告不可能引发一场运动。我们还需要做得更多，才能激起"沉默的大多数"，彻底改变足球界。这就是为什么这次营销战役还附带出售黑白相间的手环，上面刻有"站出来，说出来"字样。手环的销售收入将汇入"站出来，说出来"基金，捐助给欧洲各地致力于打击体育界种族主义的慈善机构和非营利组织。球员们在球场上都佩戴着这款手环。短短几年间，手环就售出了五百万根。

当时，我是耐克全球品牌设计副总裁，负责推动耐克足球和其他运动类别在全球的品牌识别和品牌体验。"站出来，说出来"营销战役对我影响深远，影响了我未来利用体育推动社会与文化转型。那支广告的效果好极了，通过直接向球迷发出呼吁，请他们加入这场运动，还提出了直接的行动号召。片中展示的最重要的洞见是，种族主义者正在毁掉球迷热爱的运动，而运动员们也需要球迷的助力来做出反击。足球界的大部分种族歧视都发生在幕后，远离球场，而运动员们只能"默默忍受"。宣传片让球迷看到了足球运动严峻的现实：有色人种球员经常受到其他球员和教练的冷遇，这项"美妙的运动"存在极其丑陋的一面。作为一项商业活动，欧洲足球无法忽视它的消费者；如果消费者要求做出改变，它就不得不做出改变。接下来，反种族主义运动席卷了全欧洲，有助于重振美妙的足球运动。

我们耐克从上述营销战役中汲取经验，对四位球员在颁奖典礼上的发言做出了回应。

推动世界进步

"站出来，说出来"营销战役和其他类似的活动，都为耐克提供了探讨体育公义问题的坚实基础。尤其是1995年的宣传片《如果你让我加入》(If You Let Me Play)，探讨了通过体育提升女性的力量和参与度。换句话说，我们在这一领域的做法并非新鲜事。事实上，早在年度体育杰出贡献奖颁奖典礼之前，我就已经作为耐克首席营销官，在法国巴黎举办了自己的第一次全球营销异地团建活动。那次活动会集了耐克所有区域、运动类别和职能部门的品牌高管。当时恰逢美国职业篮球联赛总冠军系列赛，决战一方是勒布朗率领的克利夫兰骑士队，另一方是金州勇士队。系列赛的第七场比赛在巴黎时间凌晨一点举行，我和许多团队成员都熬夜看完了全场比赛。最终胜出者是骑士队，勒布朗以一个如今被誉为"封盖"(the Block)的动作锁定了胜局，那场比赛作为史上最伟大的赛事被载入了史册。比赛还剩不到两分钟的时候，双方打成了平手，金州勇士队前锋安德烈·伊戈达拉(Andre Iguodala)抢到一个篮板，在球场上跑动，似乎将轻松上篮。但是，勒布朗在篮下阻止了伊戈达拉的进攻，凭借超凡的速度和敏捷度从他背后盖帽。骑士队赢得了克利夫兰自1964年以来第一个重大体育赛事冠军。

受到骑士队夺冠的鼓舞，我在清晨花了几个小时修改演讲用的幻灯片，纳入了那场令人难以置信的比赛。如果你现在还没看出来的话，我想强调一句：我很喜欢从体育运动中汲取领导力教训，而那场比赛实在是精彩绝伦。制作演讲幻灯片时，我还加入了耐克在社交媒体上发布的一张创意图片，上面有少年勒布朗的黑白照和"永远坚信"(Always Believe)字样。

也许是那一瞬间的兴奋感,加上见证历史事件的感受,让我们促使耐克进一步通过讲述故事推动平等事业。我们希望以体育运动为载体,让人们看到体育与追求平等的交汇。因此,从那天早上的演讲开始,"推动世界进步"就成了耐克内部的行动号召,也成了我们下一年乃至今后品牌营销策划的关注重点。它成了我们的宗旨声明。我们将不断回头审视,看看自己是否秉承了这一宗旨。

接下来,两名黑人同胞斯特林和卡斯蒂利亚无故惨遭警察枪杀,整个美国一片哗然。

理由

2016年7月7日,所有访问韦柯广告公司网站,想要了解该机构获奖作品的人,都看到了网站首页上显眼的黑底白字。那段文字是:

> 为什么你的黑人同事今天看起来尤其痛苦……
> 为什么你的黑人同事今天看起来尤其悲伤……
> 为什么你的黑人同事今天看起来尤其安静……
> 我们在消化。我们在问自己该怎么做。我们很伤心,因为那感觉就像目睹自己遭到枪杀。
> 我们告诉自己:"别让这件事使你活在恐惧之中,别让这件事使你心中充满仇恨。"
> 但我们很害怕,害怕自己、家人和朋友会枉送性命。
> 我们很生气,因为抗议不管用。为什么监控录像不管用?

第八章 拉近距离

我们很矛盾，在为他和他的家人难过的同时，也为这个似乎不在乎的世界而愤怒。

我们厌恶警察，但又告诉自己："你不能恨所有警察。"

我们在想，默哀有什么意义。

我们在想，自己今天能否安全回家。

我们在想，该怎么做，怎么做，怎么做。

多说一句，这不是为了博同情，而是为了记住，因为它值得铭记。＃奥尔顿·斯特林＃

这段话出自韦柯广告公司的文案撰稿人凯文斯·肖维（Kervins Chauvet）之手。他是黑人。正如他后来解释的那样：

"我那天早上醒来，体会到了心情沉重的感觉。我被那些找不到答案的问题压垮了，被不是像我一样的黑人就无法彻底理解的愤怒压垮了。那些复杂的感受一下子让我感到愤怒又无助。跟许多人一样，我那天早上带着这种感觉淋浴、穿衣，带着这种感觉搭公交上班，带着这种感觉坐到办公桌前，打开笔记本电脑，盯着电脑屏幕。我该做些什么？这可能会成为我写过的最重要的一段话。"

肖维写的这段话原本仅供内部传阅，严格来说，仅供韦柯广告公司办公室内部传阅。但公司联合创始人丹·威登认为这段话代表了全公司的心声，将其发布在了公司网站上。唯一的调整是，最后的话题标签改成了＃黑人的命也是命＃（black lives matter）。这段文字后来被称为"理由"（The Reason），在社交媒体乃至所有媒体上引发了热议，就连《华盛顿邮报》（*Washington Post*）也在次日刊出了一篇相关文章。

在斯特林和卡斯蒂利亚遭到枪杀后那痛苦而混乱的几周里，竟然是这家创意机构发出了第一则讯息，也是最有力的讯息。在没有跟韦柯广告公司密切合作过（或者根本没有合作过）的人看来，这一举动虽然值得赞赏，却似乎有些令人惊讶。但在我们这些耐克员工看来，韦柯广告公司在平等问题上扮演领军者角色一点儿也不奇怪。在过去的一年里，丹·威登率领的团队一直致力于通过一系列"大胆对话"（Courageous Conversation）研讨会，帮助人们更好地觉察并应对职场不平等现象。此外，该机构一直主动向耐克提出故事创意，核心理念是通过体育实现平等。那也催生了耐克在里约热内卢夏季奥运会期间推出的一支广告片，并最终导致了耐克一年后推出"平等无边界"（Equality）营销战役。

团结，不信极限

人民，人民
我们合众国人民想让你知道
无论你去往何方，我们一直伴你左右

美国国歌《星条旗之歌》（"The Star-Spangled Banner"）回荡在耳边，饶舌者钱斯（Chance the Rapper）[1]的原创曲目《我们合众国人民》（"We the People"）响起，这是耐克宣传片《团结，不信极限》（Unlimited Together）的配乐。配合美国男子篮球队和女子篮球队投映在城市建筑

---

1. 饶舌者钱斯：美国说唱歌手、词曲作家、演员和社会活动家，在疯狂、快速、饶舌、原生态的说唱风格中融入了许多福音与爵士元素。

物上的影像，钱斯唱出了那首深情凄婉的颂歌。他借助美国文化中人们耳熟能详的词语，创作出了一首既充满挑战意味又催人团结的歌曲。在振奋人心的同时，歌曲也提醒人们，美国许多大受标榜的成就对许多"我们合众国人民"来说其实是虚幻的。篮球队本身作为串联歌曲的主题，体现了体育在社会结构中的地位，展示了不同肤色的美国人仍然站在同一边，仍然必须一同上场比赛。

《团结，不信极限》短片拍摄于年度体育杰出贡献奖颁奖典礼之前，但在四位运动员呼吁变革后不久播出，时机可谓绝妙。在创意过程初期，我就想过，无论我们以何种方式发声反对不平等，都需要打破陈词滥调，依靠"伟大美国"的传统来克服困难。我们可以在热爱美国本该象征之物的同时，邀请更多的美国人站出来。

在创意过程初期既没有画面也没有剧本的情况下，我第一次听到了饶舌者钱斯的这首原创曲目。歌词说得如此清晰。此刻，我们不需要其他任何东西也能向前推进。在创意团队考察过的所有选项中，钱斯深情凄婉但满怀希望的《我们合众国人民》是唯一选择。韦柯广告纽约分公司制作了《团结，不信极限》宣传片，那是美国男子篮球队和女子篮球队首次在一支片子中同时出现。它的构思灵感来自耐克过去的两支广告，调性灵感来自 2008 年马文·盖伊（Marvin Gaye）主演的广告《团结共存》(United We Rise)，视觉灵感则来自 1991 年的耐克 Air 180 广告。而钱斯为片子赋予了灵魂，他的歌词为我们的营销战役提供了适当的基调。这一点相当令人惊讶，因为那是他第一次尝试。

灵感

变革将至

第五十九届格莱美年度颁奖典礼于 2017 年 2 月 12 日播出。在那之前的几天，我在柏林参加会议。会议间隙，我一直埋头盯着 iPhone，审查耐克最新广告片的剪辑版。那支广告片部分回应了七个月前四位运动员在年度体育杰出贡献奖颁奖典礼上发出的挑战。我们选择在格莱美奖颁奖典礼上发布，是因为它提供了接触体育界之外观众的机会。新广告片必须作为讲述故事的工具，在这个关键时刻奠定耐克发声的基调。当时，整个美国还由于夏天发生的枪击事件动荡不安，又因为总统大选而进一步分裂。人们纷纷质疑，美国立国的基本原则是否已然动摇。

通往那一刻的旅程长达七个月，那是我职业生涯中最激动人心、感触最深的一段时期。我们团队在审视去年夏天的影像和情绪时，看到了一个因种族冲突而分裂的国家。是的，在年度体育杰出贡献奖颁奖典礼上，世界上伟大的四位篮球运动员共同反对种族不平等。但是，我们耐克和韦柯广告公司讲述的故事不能局限于篮球。那个故事必须关于体育运动，包括各种表现形式、不同呈现方式、不同文化影响的体育运动。

1994 年，南非刚刚结束了罪恶的种族隔离制度，被囚禁二十七年的纳尔逊·曼德拉当选总统。然而，南非只是名义上实现了统一，许多黑人都憎恨国家橄榄球队跳羚队（Springboks），因为从历史上看，橄榄球是非洲裔白人的运动。1995 年，南非成为橄榄球世界杯的主办方。出乎该国黑人和白人的意料，曼德拉竟然全力支持跳羚队。他看到的（正如其他人后来看到的）是，世界杯和橄榄球运动能让整个国家团结起来。他将几十年来的敌意摆在一边，接纳了团结一心的球队和国家。

第八章 拉近距离

他与全体南非人民共情，牢记自己不是全国一半人的总统，而是所有人的总统，包括那些与跳羚队同场比赛和支持他们的人。这就是体育的力量，这就是体育对人民的奇妙影响力。在竞技场之外，国家或许仍然分裂，但在那个球场上，在那座体育场里，南非队是一个团队，共赴输赢，荣辱与共。

南非队赢得了世界杯。全国上下民族自豪感爆棚，大街小巷挤满了欢庆的人群，白人和黑人一同庆祝。这不但彰显了曼德拉的力量，也展现了他的明智之处。他后来说："体育运动拥有改变世界的力量。它能激励人心，团结众人，这份力量无与伦比。它能用年轻人理解的语言与他们对话，能在曾经只有绝望的地方创造希望。在打破种族藩篱这一点上，它的力量胜过各国政府。它能笑对所有类型的歧视。"

不过，我们必须回答的问题是"为什么"。为什么体育运动拥有这种力量？是什么促使曼德拉让全国人民为一场比赛聚到一起？在思考这个问题时，我们意识到，体育界（也就是球场或赛场上演的一切）在某些方面效仿了现实世界：自律、勤奋、奉献、天赋，还有"人人都必须遵守规则，以确保比赛公平进行"的观念。但是，体育界的最后这个属性真的能在现实世界中延续吗？在某些情况下是这样，但在许多情况下并非如此。我们期待体育比赛规则对每个人一视同仁，难道在日常生活中就不该抱有同样的期待吗？

正是这个重要洞见开启了"平等无边界"营销战役。那部宣传片并不是针对某个事件做出回应，例如去年夏天的枪击事件。那几桩惨剧促使我们努力在美国重振种族平等。故事要追溯到几十年前。它与体育运动息息相关，尤其是与为平等包容而战的黑人运动员息息相关。

出于这个原因，创意团队借鉴了基于歌曲的宣传片《团结，不信极限》的成功经验，选择了山姆·库克（Sam Cooke）[1]的歌曲《变革将至》（"A Change Is Gonna Come"）。不过，饶舌者钱斯的《我们合众国人民》是充满希望的呐喊，呼吁人们实践立国之本，《变革将至》则充满力量，是那些仍然受到伤害的人的希望之歌，是对那些施加痛苦的人发出警告。

演变的过程极其漫长
但我知道变革终将到来

库克的歌词没有哀悼已经发生的事，而是宣告将要发生的事。伟大的节奏蓝调女歌手艾丽西亚·凯斯（Alicia Keys）为这首标志性民权歌曲赋予了鲜活的生命力，使得这一点更为清晰。但随后，我们的关注焦点转向了歌词，用歌词传达的讯息来讲述"平等无边界"的故事。宣传片的剧本必须以体育运动为基础，但也要能让体育界之外的人产生共鸣。它必须说明我们为什么深受体育运动吸引，展示体育运动赋予人们的意义和力量——卓越感、竞争感，以及最重要的公平感。我们坚持认为，这些特质必须超越体育，超越球场和赛场的界限，进入我们生活的现实世界。文字稿完成后，演员迈克尔·B. 乔丹（Michael B. Jordan）配的画外音传达了讯息：

"在这些边线里，在这座混凝土球场上，在这块草皮上，在这里，定义你的是你的行动，而不是你的外表或信仰。平等不该有边界。我们在这里找到的羁绊，应该超越这些边框。机会不该存在歧视。球的反弹力也不该因人而异。价值应该胜过肤色。"

---

1. 山姆·库克：美国福音音乐、流行乐黑人歌手，美国灵魂音乐的先驱，被称为"灵魂乐之王"。

第八章 拉近距离

导演梅丽娜·马苏卡斯（Melina Matsoukas）和摄影师马利克·萨伊德（Malik Sayeed）联手打造了一部黑白片。观众会看到一座市区里的篮球场，手持喷漆罐的人在延长球场边线——这是为了致敬去年夏天抗议活动中常见的街头行为。有个男人在看年轻人打球，那是篮球巨星勒布朗。镜头切换到网球场，我们看到了网球名将小威廉姆斯。镜头再切换到足球场，我们看见了女子足球运动员梅根·拉皮诺埃（Megan Rapinoe）。接下来，篮球运动员凯文·杜兰特（Kevin Durant）、女子田径运动员达莉拉·穆罕默德（Dalilah Muhammad）、女子体操运动员加比·道格拉斯（Gabby Douglas）和橄榄球外接手维克多·克鲁兹（Victor Cruz）相继出现。片中还穿插着其他美国标志性建筑，包括一座市内教堂和一座法院大楼。

喷漆继续进行，线条从球场延伸至大街和人行道，进入社区，跨越全国。这代表着，规范体育比赛的规则也该规范我们的日常生活。随后，乔丹提到了赛场："如果我们在这里能够平等……"勒布朗接下去补完了下半句："……我们在任何地方都能平等。"最后是女歌手艾丽西亚发出的深情高呼："变革终将到来。是的，它终将到来。"

影片在格莱美颁奖典礼之前及时制作完成。格莱美颁奖典礼向全球直播，帮助我们启动了一场全球性营销战役。那场营销战役或许是始于一部影片，但绝不止于此。直播当晚，耐克将自己的所有社交媒体头像都改成了黑底白字的"平等"字样。此外，耐克还推出了相关产品，进一步传播这则讯息。其中包括一件T恤，胸前印着用Futura超黑体大写的"平等"字样。由于这是一句使命宣言，所以词语末尾带有句号。

接下来的一年，勒布朗全身心投入推广这场活动。在2018年的一场比赛中，他甚至穿了一白一黑两只限量版球鞋，每只鞋跟上都绣有

"平等"字样。他像其他人一样有力地总结了这场营销战役:"篮球是我们的载体,平等是我们的使命。"

到目前为止,本章主要通过影片这一媒介探讨共情。但正如书中其他部分提到的,宣传片并非激发情感的唯一方式。在"确保公平"这方面,耐克也借助产品取得了巨大的成功。

共情行动

2010年世界杯在南非举行,这场全球性活动使南非首都的壮美(和贫穷)成为世界关注的焦点。南非有三十五万名孩子几乎每天都在踢足球,那是他们最爱的运动。但是,其中许多人缺少最基本的生活必需品,更别提踢足球的设施和安全场所了。除了贫困,南非还是世界上艾滋病感染率最高的国家。在展望耐克将在世界杯期间推出的营销战役时,我们将注意力投向了上述问题。我们不光希望全世界一同庆祝足球运动,还看到了一个让世人关注南非人困境的机会。我们也希望让南非人参与其中,进而了解他们生活的世界,以及他们重视的东西。

了解到困扰这个国家和这座城市的众多问题后,我们扪心自问:怎么才能利用足球运动提升南非年轻人的教育水平,并提供抗击艾滋病的相关服务?以此为源头,我们开始与"红色计划"(Project Red)[1]合

---

[1] 红色计划:著名乐队U2主唱博诺(Bono)发起的慈善公益商业项目,会将RED品牌授权给全球知名品牌,合作开发相关RED产品,产品销售收入一部分捐赠给公益基金,用于在全球范围内抗击艾滋病、结核病和疟疾等重大疾病。

第八章 拉近距离

作，该项目致力于借助其他品牌提升人们抗击艾滋病的意识。这次合作的结果是"系上鞋带，拯救生命"（Lace Up Save Lives）计划。全世界只要有人购买一双耐克与 RED 联名的红鞋带，耐克就会捐出一笔钱，资助为南非当地提供教育和药物的项目。该计划得到了众多优秀活动代言人的支持，其中包括来自象牙海岸的传奇足球运动员迪迪埃·德罗巴（Didier Drogba）。

为了满足南非人真正的需求，尤其是年轻人的需求，我们将这项计划向前推进了一步。当地的球场（如果真有球场的话）都是坚硬的泥巴地，而且通常位于并不安全的地区。为了给南非孩子提供安全的踢球空间，我们在南非最大的黑人聚居区索韦托设计并建造了耐克足球训练中心。我希望从一开始就有当地社区参与，确保采用真正南非风格的建筑设计。

仅仅是设计功能性建筑还不够，当地社区的愿景不止于此。他们希望全新的索韦托中心能让社区精神与年轻人的梦想蓬勃发展。因此，我们在建筑和环境中融入了故事讲述，为空间注入了情感与文化历史感。耐克与索韦托当地的艺术家携手合作，并从世界各地传奇足球俱乐部的故事中汲取灵感，为索韦托中心注入了使命感，使它成为当地人能骄傲前往的空间。

索韦托中心落成后，每年能接纳两万名年轻的足球运动员。如今，该中心的服务范围已超越足球。它成为由多部分组成的训练场所，包括一圈跑道、一座滑板公园、一间舞蹈室，以及众多宣传索韦托创意社群的工作坊，旨在提升南非女性的运动参与度。它是激进创意合作的绝佳案例，展示了体育、教育和医疗如何交汇，共同帮助这些原本不受关注的群体。

通过设计影响社会,不但适用于建筑,也适用于产品创新。耐克最近推出的面向穆斯林女性的运动头巾 Pro Hijab,就是"观察、倾听与学习带来突破"的绝佳案例。不久之前,市面上还没有专门针对穆斯林运动员的头巾,就连奥运会级别的运动员也没有。顶尖的穆斯林击剑手和拳击手只能戴传统面料的头巾。传统面料被汗水打湿后会变得又重又硬,最终导致运动员听力受阻并感到不适,甚至可能导致击剑手在比赛中被判犯规。此外,头巾与运动服也没有很好地结合。这会进一步影响运动员在场上的发挥,使对手占据明显优势。于是,耐克的设计师听取了这些不受关注的运动员的故事,打造了一款更轻盈、更柔软、更透气的头巾。正如德国拳击手泽娜·纳萨尔(Zeina Nassar)戴上 Pro Hijab 参赛后所说:"突然之间,我能听见了,也不那么闷热了。我的身体能更好更快地降温了。"

上述例子也许与困扰美国的种族不平等现象没有直接关系,但说到品牌如何回应世上被人忽略、未得到满足的需求,它们带来的影响绝对不可小觑。

圆满时刻

2011 年 2 月,耐克黑人员工网络(Nike Black Employee Network,简称 BEN),也就是耐克多年来搭建的几大员工网络之一,举办了首届球鞋舞会(Sneaker Ball)。由于 2 月是"黑人历史月",耐克黑人员工网络希望举办一场活动,庆祝黑人文化与体育社会变革的交汇。于是,球鞋舞会应运而生。活动期间,长期从事乔丹品牌体育营销的传奇人物霍

第八章 拉近距离

华德·H. 怀特（Howard H. White）请我上台，向我颁发了 H 奖。这是以他个人名义授予耐克领导者的一项荣誉，表彰他们对耐克内部黑人员工社群做出的贡献。对我来说，接受这项荣誉是个"圆满"时刻，因为十九年前，我能进入耐克，正是借助了公司的第一个少数族群实习项目。1992 年的那个夏天，我是形象设计团队中唯一的黑人成员。我在耐克的旅程还没有结束，但被同事以这样的方式授予荣誉，是我职业生涯中难以忘怀的一刻。

进入耐克之初，我除了肩负设计职责，还是最初打造耐克"黑人历史月"海报的团队成员。与大多数品牌相比，耐克开始庆祝"黑人历史月"的时间要早得多。那些海报并不是典型的体育海报，也就是围绕超级巨星做文章的那种。它们的设计更有艺术性，宗旨更有反思性。例如，1996 年的一幅海报展示的是黄色背景之上的棕色人像。不过，这仅仅是海报的上半部分。海报下半部分就像倒影，是棕色背景之上的黄色人像。"平等""和平""公义""融合"等字样覆盖了海报的上下两部分，提醒人们每个问题都有两面。这些海报在耐克内部派发，也分发给学校、组织和出版机构，旨在引发对黑人社群重要问题的讨论。

设计海报只是许许多多机会的开端。那些机会要么是呈现在我眼前的，要么是我主动寻找的。问题并不局限于球场或赛场上，也不局限于办公室里。我刚加入耐克的时候，美国企业内部品牌文化中刚刚开始形成"多元、平等与包容"（diversity, equity and inclusion，简称 DEI）的概念。虽然当时品牌内部还不够多元化，但我觉得，可以凭借自己在耐克扮演的角色改变这一发展轨迹。随着走上领导岗位和职位不断提升，我发现自己能在一定程度上影响员工的招聘与雇用。于是，我努力提升品牌内部有色人种营销人员和设计师的数量。当然，我并不是单打独斗，也不是单靠自己学会了"打造多元化职场"。我得到了帮助，很多很多的帮助。我能打造反映消费者面貌的多元化团队，并且取得众多进展，要感谢那些激励我并与我合作的人。在那个时期，有三位领导者尤为突出。他们帮助我提升了改变现状的能力。

我常说帕梅拉·奈菲尔卡拉（Pamela Neferkara）"释放了我的领导力"。在将耐克与消费者的关系转移到网络平台这件事上，作为乔丹品牌营销的资深领导者，帕梅拉发挥了重要作用。如今，耐克与消费者的关系几乎完全存在于网络上。此外，她还将自己作为罕见黑人女性高管的视角带进了日常工作。随着我与帕梅拉越来越熟络，她邀请我加入耐克黑人员工网络的顾问团。我起初有些犹豫，以工作量大为由婉拒了。在内心深处，我怀疑自己的观点能否得到重视，毕竟我只是个黑白混血儿。但帕梅拉没有放弃，不断向我发出邀请，直到我最终接受了这份责任。这开启了我领导耐克营销人员与设计师黑人社群十五载的序幕。

杰森·梅登（Jason Mayden）"将我推上了前台"。他是才华横溢的设计师和极具天赋的励志演说家，也是耐克黑人员工网络中一位精力充沛的成员。他充满创意地重塑了该网络，将它推向了全新阶段。最初，我们俩出于对拳击这项美妙运动的共同热爱，建立了牢固的关系。我成为耐克黑人员工网络的顾问团领导者后，杰森经常请我为活动开场，站到观众面前做演讲，例如一年一度的球鞋舞会。他提出这些"要求"的方式让我无法拒绝。有时候，他会给我的演讲添砖加瓦，比如让我在开场白中引用民权领袖马丁·路德·金（Martin Luther King Jr.）的名言。杰森的才华让我感到，我有责任应对这些挑战，这是我命中注定该做的事。这就是伟大励志者的才华。

第八章 拉近距离

乔纳森·约翰逊·格里芬（Jonathan Johnson Griffin）"使我技能倍增"。在20世纪90年代中期，"黑人历史月"海报代表了我们对美国黑人的纪念与庆祝。随着时间的推移，我们不断拓展庆祝活动的范围，例如打造了限量版的"空军一号"球鞋。后来，我遇到了一位名叫乔纳森·约翰逊·格里芬的年轻设计师，他认为我们可以做得更多，而不仅仅是打造一双鞋。当时，我已经在领导耐克在全球范围内的创意叙事。我和乔纳森一起讨论了更宏伟的愿景：围绕整个产品系列打造一个故事，纪念并庆祝黑人运动员的卓越成就。用朱利叶斯·欧文（Julius Erving）、乔丹和科比这三位不朽的黑人运动员代表整个耐克产品家族，包括匡威、乔丹和耐克篮球。那几款"黑人历史月"限量版球鞋被穿上了NBA全明星赛场，但所有人都可以购买。乔纳森促使我拓宽视野，不仅仅靠海报纪念美国黑人的历史。

上述三位人士除了与我搭档，给我灵感，还向我发起挑战，让我看到了他们从我身上看到的东西，促使我发挥出我需要培养的领导特质。正是因为他们对我充满信心，我才能以他们为榜样，加速成为企业与品牌的领导者，推进多元、平等与包容的目标。当我有能力支持需要被看到、被听到的人时，我始终牢记这一点，尤其是对会议室里少之又少的黑人。正是上述三人释放了我作为多元化领导者的才能，我才学会了如何激发他人的潜能。他们树立的榜样也给我上了一课：当你勇攀高峰的时候，请带上那些发声不一定能被听见、工作不一定能被看见的人。幸亏有了他们，我才得以在品牌业务之外发挥领导力。

231

疯狂梦想

在位于耐克比弗顿园区的琼·贝努瓦·萨缪尔森大楼里，我跟营销团队和业务团队的其他成员坐在餐厅的私人包间里，等待与科林·卡佩尼克共进午餐。当时，职业橄榄球大联盟的新赛季即将开始，但科林尚未加入任何一支球队。我们想跟科林坐下来聊一聊他的处境和他想做的事。与以往一样，耐克想放大运动员的声音，无论是在场上还是场下，而科林的声音在过去一年里传遍了美国。一年前，2016 年赛季刚开始时，科林在赛前奏国歌环节单膝下跪，抗议种族不平等与警察对黑人群体的暴行，结果在休赛期被旧金山 49 人队终止了合同。从那时起，曾征战"超级碗"的著名四分卫科林，转而开始积极投身社会活动。从传统的市场营销角度来看，我们面临的独特挑战在于，科林目前处于失业状态。也就是说，作为一名运动员，他并不会"参赛"。

但当科林迈进大门时，谁也猜不到他刚在耐克园区里的博·杰克逊健身中心做完晨练。那是我第一次亲眼见到科林本人。即使是我这个经常见到职业运动员的人，也对他的身体状态惊叹不已。显然，这是个"一步也没落下"的男人。事实上，他看起来似乎处于人生中的巅峰状态。我立刻注意到的另一点是，他没有带随行人员——没有经纪人，没有公关人员，也没有媒体负责人，只有他的朋友兼健身教练。我们开始用餐时，科林坐在了我旁边。

对过去一年中始终处于媒体风暴中心的人来说，科林显得极其镇定，但也充满了激情。他对重返赛场充满激情，同时也专注于抗击种族不平等，并推进他的"熟知你的权利"（Know Your Rights）训练营，该训练营旨在为黑人社区的贫困青年赋予力量。如果说过去一年中科林的

第八章 拉近距离

橄榄球生涯受到了重挫，但那并没有让他停止发声。当我们认真聆听时，他强调说，他希望我们讲述的故事不是聚焦于他，而是聚焦于他想推进的事业；不是讲述那个下跪的男人，而是讲述他为什么要下跪。

我没法替当天参加午餐会的其他人说话，但可以谈谈我自己的感受和想法。我可以谈一谈，第一次见到科林本人时，他的故事就引起了我的共鸣。我跟他一样，是被白人父母收养并抚养长大的黑白混血儿，小时候花了很多时间寻找身份认同。跟许多附近的孩子一样，我有心目中的体育英雄，我有崇拜并模仿的运动员。他们的成功激励了我，让我对自己的种族身份充满自豪。20世纪七八十年代的那些黑人运动员凭借英勇表现，不仅为他们身上球衣代表的城市，也为他们来自的黑人社区注入了自豪感。他们为那些没有发言权，那些饱受贫困、不公与歧视的人打球。

几十年来，从美国职业棒球大联盟史上第一位黑人球员杰基·罗宾森的时代到科林·卡佩尼克的时代，体育与文化的融合使社会发生了巨大的进步。忽略这种联系，只专注于橄榄球，就是忽略了体育是美国文化核心的一大重要原因。体育界人士利用自己的平台激励了各种各样的人，尽管我小时候并不了解这一点的重要性。我被那些伟大运动员深深吸引是有原因的。他们之所以伟大，不光是因为比大多数人球打得好；他们之所以拓展了我的自豪感、想象力和对体育的热爱，是因为他们无论是否穿着球衣，都充满了激情与目标。四十年后，一名黑人运动员单膝下跪抗议警察的暴行，并为此付出了职业上的代价。无法对美国黑人经历感同身受的人，或许听不见科林那天传递给我们的讯息。但我仿佛看到了年轻时的自己，一个正在寻找身份认同的孩子，看到这位明星四分卫单膝下跪，意识到了他这么做是为了像我这样的人。

当天在餐桌上，我们所有人对科林及其目标产生的共鸣，是通过设计支持他与这番事业的第一步。那次重要的午餐之后，我在那个橄榄球赛季花了好几个周末，与韦柯广告的创意伙伴一起集思广益，想方设法阐明科林想传递的讯息。我们必须通过体育的平台传播这则讯息，并确保不会因为宣扬社会公义而削弱体育扮演的角色。我们一遍又一遍地提醒自己，无论什么样的创意，只要不是借助体育揭示美国文化的重大真相，就不该予以采纳。

我们探索了许许多多的构思、口号和视觉主题。为了寻找灵感，我们甚至看了一封小科林四年级时写给自己的信，说他有朝一日会进入大联盟打球。那封信非常感人，但并不契合科林当时的处境。似乎哪个创意都不够契合。那些创意要么与体育及其应该发挥的作用没有直接关系，要么与科林没有直接关系。而科林不希望人们把注意力放在他身上，只希望人们关注他想推进的事业。必须指出的是，我们在一起集思广益的时候，并没有考虑通过引发争议来突出科林想传递的讯息。我们唯一关心的是，从体育的角度出发，精心设计一则探讨种族不平等的讯息。我们的目标是，利用科林引发的大讨论，推动人们采取行动。但我们发现，我们的创意能涉及某些需要涵盖的问题，但无法涉及所有问题。如果不能百分百忠于科林想传递的讯息，我们就不打算推出那支宣传片。最后，时间不够了。随着为期几周的赛季落幕，我决定暂时搁置那些创意，以后再拿出来讨论。

八个月后，我就任耐克全球品牌创新副总裁。这对我来说可谓苦乐参半。这就意味着我不得不离开这支自己投入了个人情感的宣传片，并为我的继任者范·哈蒙伦（DJ Van Hameren）、吉诺·菲萨诺蒂、耐克传播副总裁凯胡安·威尔金斯（KeJuan Wilkins）和耐克广告高管亚历克斯·洛佩斯（Alex Lopez）提供支持。他们希望在未来三个月内发掘出科林想传递的讯息。

幸运的是，他们并不缺乏动力。2018年是"放胆做"口号推出三十周年纪念。针对即将到来的周年营销战役，我们的内部讨论聚焦于"坚定信念"（Make Belief）这个口号，而它当然是拿"信以为真"（make-belief）玩文字游戏。但"坚定信念"强调的是相信自己；不仅仅是想象，而且是把梦想变成现实。我们关注的是给"放胆做"重新定位，与冉冉升起的下一代运动明星紧密联系。我们把构想包装成了创意简报和消费者主张，与韦柯广告的创意总监阿尔贝托和瑞安携手合作。这项任务对韦柯广告团队来说再适合不过了，因为它推开了想象与梦想世界的大门。

韦柯广告的创意人员提出了"疯狂梦想"（Dream Crazy）的点子，那是对"坚定信念"的精彩诠释。至少按照成年人的标准来看，如果年轻人的梦想不"疯狂"，那怎么算得上梦想？这句话也能完美融入"放胆做"，保留了那句有三十年历史的耐克座右铭的简明扼要。韦柯广告团队还制作了一支提案短片，向耐克生动展示了这一构想。那部短片铿锵有力，配的字幕也极具力量。但要真正打动人心，还欠缺了一些东西。

就这样，让科林配画外音的想法应运而生。那部片子将聚焦年轻人，呼应我们去年秋天赛季探讨过的"儿时科林"创意。但它不是关于科林这个人的，至少不是直接与他相关。它说的是做你内心明知是正确的事，做你知道自己必须去做的事，拥抱能触动你灵魂的疯狂想法，不在乎别人怎么想。它说的是为理想信念做出牺牲，哪怕要与全世界为敌，因为你知道那么做是对的。尽管这种想法必须在年轻时培养起来，但它不光存在于青年时代。当你踏进成人世界，当"疯狂梦想"撞上冷酷现实，当你必须做出残酷抉择，甚至必须做出牺牲时，那种想法仍会

235

继续。那么,你是不是年纪太大,不能再有疯狂梦想?科林当然不这么认为。因此,短片最后加上了几句话,强调那些令我们热血沸腾的梦想,那些使我们超越物质欲望的东西,是值得为之做出牺牲的。

我们花了整整一年时间,探索该如何呈现科林支持的事业(和做出的牺牲)。2018年9月,"疯狂梦想"营销战役在美国职业橄榄球大联盟赛事的开幕日打响。

短片开场是一名滑板手从楼梯扶手上滑下。他摔倒了,摔惨了。他又滑了一次,又摔了下来,摔得很惨。接着,他又滑了第三次。场景切换到摔跤场,展示了一名无腿摔跤手。与此同时,科林献声的画外音响起:

> 如果有人说你的梦想太疯狂,
> 如果他们笑你做不到,
> 很好,
> 保持下去。
> 因为没有信念的人根本不懂得,
> 说别人的梦想太疯狂不是侮辱,
> 而是恭维。

在短片中,我们看到冲浪者,戴头巾的女拳击手,还有坐轮椅的残障篮球运动员。科林提到了脑癌,还提到了难民。我们看到高中时期的勒布朗在扣篮,然后是如今成年的勒布朗在他的"我承诺"(I Promise)学校揭幕式上讲话。

最后一幕是,科林站在某个街角,转身望向镜头。他说出的话揭示了宣传片的主题:"信念还是要有的,哪怕要为它变得一无所有。"

第八章 拉近距离

尽管媒体将其视为科林·卡佩尼克宣传片，但事实上这部片子是赞美敢于"疯狂梦想"的运动员。当然，短片在发布后引起了争议。但在四年后回顾时，看到美国职业橄榄球大联盟的比赛以纪念种族平等的方式开场时，我们就知道，被认为是"疯狂"的事其实只是开始。

拉近距离

本章提到的创意之旅都始于同一个前提：当我们拓宽视野，看到过去没看见的东西时，获得的洞见往往最有影响力。这个前提的本质是共情。我们愿意倾听并了解与自己经历不同的人。正如本章提到的，许多经由共情发现的洞见都引发了重大变革。我们能够比过去更深入地观察某人某事，发掘出隐藏其中的严峻事实。当我们超越单纯的观察与假设时，就能通过其他方式发掘自己的创意能量。否则，那些能量可能会一直隐而不现。

作为创意领导者，我们扮演的角色就是，在自己销售的东西与世人需要的东西之间找到联系。运用我们的才能，与他人感同身受，看到我们所处的世界并不是其他人体验到的世界；确保那些创意能揭示对世界的深刻洞察，能讲述对人影响至深的故事。要想推动社会进步，我们就不能漠不关心。我们借助发掘的洞见，利用靠图像、影片、建筑和产品讲述的故事，能够拉近世人之间的距离，促使人们共同走向更公平的未来，确保规则对每个人一视同仁。当我们将这种洞见与品牌宗旨联系起来时，就能引发与消费者的对话，号召大家一起行动起来，使周遭世界发生积极的变革。

"拉近距离"基本原则

1. 关注被忽略的人群
超越单纯的观察与假设,深入挖掘,找出不受关注的社群被忽略的需求。提高我们的观察、倾听与感知能力,为所有人开启通往美好未来的大门。

2. 揭示严峻现实
开启可能会让人感到不适的对话,以深刻方式揭示更深层的社会真相。利用你的平台放大其他人的声音,而不仅仅是你自己的声音。

3. 齐心协力,共同进步
避免带着预设答案进入创意过程。为你想服务的社群打造解决方案时,必须将他们纳入创意过程,与他们一道塑造你的创意。这有助于培养他们的自豪感,让他们在未来拥有主人翁意识。

4. 超越产品
超越简单的交易。以你的产品作为邀请函和催化剂,打造更公平的未来。努力为当下服务,也为社群进步与转型之旅服务。

5. 带入个人体验
仅仅是增加多元化代表者的人数还不够。关键在于,要让各色人等将自己的生活经验带进工作。借鉴某个人的视角,或许能影响无数人的生活。

6. 设计梦想

仅仅满足功能需求还不够。你想支持的被忽略的社群也有自己的抱负。借助社群本身的故事和梦想，为你创造的解决方案注入情感。

第九章 留下遗产，而非回忆

献给那些在场上场下忠于自己的人。骄傲自豪，不加掩饰，不畏艰险。这只是开始。

灵感

波特兰艺术家艾玛·波杰（Emma Berger）没有征求任何人的许可，就开始挥笔作画。当她完成之后，俄勒冈州波特兰市中心苹果商店四周的围挡上出现了乔治·弗洛伊德（George Floyd）[1]的脸庞，还有他的临终遗言："我喘不上气了。"那个悲剧之日过后，美国上下爆发的抗议活动蔓延到了波特兰。一片混乱中，苹果商店的全玻璃外墙被砸了个稀巴烂。苹果负责人竖起了围挡，免得商店遭到进一步破坏。不过，他们把胶合板涂成了黑色，表示自己跟抗议者站在一边，支持他们为社会公义而战。黑色底板为波杰提供了完美的画布。她不但画了弗洛伊德，还画了布琳娜·泰勒（Breonna Taylor）[2]和艾哈迈德·阿贝里（Ahmaud Arbery）[3]，另外两位种族不平等的受害者。

波杰的画作为我提供了一个完美的机会，让我女儿艾拉见证艺术家和设计师作为视觉叙事者的力量。2020年8月，我带着当时还是高中生的艾拉（她是一位志向远大的创意指导，如今正在大学里学习设计）

---

1. 2020年5月25日，美国明尼苏达州阿波利斯市警方接到报案出警，认为路边黑人男子乔治·弗洛伊德行迹可疑。据监控显示，几名警察将弗洛伊德按倒在地，一人用膝盖压住他的脖子，致其昏迷死亡。该事件引发了明尼苏达州的抗议示威活动，并迅速波及全美各地。
2. 2020年3月13日，美国肯塔基州路易斯维尔市一队警察在搜捕毒贩时闯入黑人女子布琳娜·泰勒家中。其男友以为有盗贼闯入，用枪打伤了一名警察。警察向泰勒及男友开枪数次，泰勒当场身亡。
3. 2020年2月23日，二十五岁黑人男子艾哈迈德·阿贝里在佐治亚州一个社区街道上慢跑时，被三名白人开车追逐并开枪射杀。

第九章　留下遗产，而非回忆

去看弗洛伊德的壁画。我们来到那里时，已经有许多艺术家加入了波杰的行列，用自己的艺术创作拓展了那幅壁画。尤其是有人（也许是很多人）在壁画上好几处喷绘上了数字"846"，代表弗洛伊德死前警察用膝盖顶住他喉咙的时长（8分46秒）。

那幅壁画给我的第一印象是，它比我想象的要大得多，横跨波特兰市中心的一整条街。但令我震惊的不仅仅是波杰的纪念画，周围其他建筑物前的围挡上也有其他艺术家作了画，那是源自悲剧的美。艺术不但使那个空间具有深意，还能激起强烈的情感反应。

我能看出，艾拉像我一样大受震撼。我们聊起了艺术家的创意如何深刻揭示社会的严峻真相。那不是挂在博物馆墙上的艺术，而是最为自然的艺术，是悲痛、愤怒与希望的生动展示。艺术在它本该在的地方，与重大时刻紧密联系，也因其激发情感的能力而不朽。弗洛伊德的壁画，以及全国各地其他类似的壁画，如果挂在玻璃罩里或天鹅绒绳索后面供人观赏，旁边还有向导请你不要拍照，绝不可能如此震撼人心。那幅壁画之所以震撼，是因为它本就该在那里，是对一桩暴行的直观回应。

我们通过创造艺术反映自己看到的世界，就像透过创意棱镜将现实投射到画布上，你能从中辨别出现实。如今，现实被转化成了艺术品，那件艺术品也反映了艺术家的某些方面。我向艾拉解释了那些艺术家如何运用图像和文字激发我们内心的情感，敦促我们采取行动。从投射出的图像中能看到现实的回响，看到我们想要生活的那个美好世界。

近年来，我们（包括我女儿）见证了创意在众多领域发挥力量——从艺术到建筑，从写作到影片制作。这类持续的创意产出已深入人心，借助共同事业将人们团结起来，例如反对种族不平等、呼吁关注医疗问

243

题、打击仇恨亚裔的犯罪，以及打破某些族群选民受到的压制。创意作品作为一种催化剂，能通过启迪思考、引发反应和授权行动，邀请人们参与对话。

那次参观也给了我一个绝佳的机会，跟女儿直接分享自己对弗洛伊德事件的感受。我在明尼苏达州出生长大，后来又在离悲剧发生地不远的明尼阿波利斯艺术与设计学院上学，当时就目睹过执法部门与黑人社群的摩擦。如今再看到同样的一幕，我真是心痛如绞。看到那种痛苦通过艺术作品呈现出来，这提醒了我为什么要做现在这份工作。从有记忆的那一刻开始，我就被体育和艺术的力量深深吸引，因为它们能激发人类最强烈的情感。也许正是出于这个原因，我向往成为创作者，希望自己的作品也能激起他人同样的情感。我追随这些激情，正如我女儿艾拉如今追随着她的激情。

跟女儿站在一起，我想起了小时候父母为我准备壁画墙，鼓励我发挥艺术天赋。好吧，"准备"这个词可能有点儿夸张了。父母在我和两个弟弟共用的卧室里留了一面白墙，只不过加装了木质边框，那面墙成了我最初挥洒艺术想象力的画布。我儿时创作的壁画符合当时当地的情境，展现了青少年稚嫩的天赋和鲜活的想象力。如今，我从艾拉的艺术激情中看到了自己的影子。我女儿的艺术激情可能是从我这里继承的，但我的艺术激情又来自何方？

激情之源

在整个职业生涯乃至整个人生中，我都在思考这个问题。当本书接

第九章　留下遗产，而非回忆

近尾声时，我终于找到了答案。

2021年4月的一个周六下午，有个陌生女子通过基因测序网站23andMe给我发了信息：

"嘿，你好吗？呀，真没想到，能在这里找到一个我不认识的舅舅。我看见了你的照片，真的跟我妈妈很像。你跟我妈妈那边的亲戚有联系吗？"

一小时后，经过在社交媒体上的一番"搜索"，我发现我不是那个女人的舅舅，而是她的哥哥。她妈妈是我的亲生母亲，一个我从未想过能够了解甚至见到的人。

简单的询问为我开启了一扇大门，使我不但找到了亲生母亲那边的亲戚，还找到了亲生父亲那边的亲戚。短短几天里，我就得到了许多人生问题的答案。对许多人来说，那些答案似乎是不言自明的。我脑子里一片混乱，被一个又一个"揭秘"淹没。我从对亲生父母一无所知（为什么我长成这样？我的某些激情和特质来自何方？）到突然间获得了海量信息，就像任何跟亲生父母一起长大的孩子一样。大多数人会经历这样的旅程：从把两个人认作"妈妈"和"爸爸"，到逐渐了解那两个人在生活中的真实样貌。而我在短短几周内就得到了所有信息。

这件事的讽刺意味令我惊叹不已。近年来，人们一直告诫我说，只靠数据驱动的营销成长起来的品牌，会迅速抹杀掉客户关系中的一切情感。而如今，我体会到了一个人所能感受到的最强烈的情感，却要归功于一个数据导向、基于科学的网站。23andMe网站提供的这项由机器学习、算法和数据驱动的服务，引出了意义重大（而且是实时）的人际联系。突然间，我得到了答案。

我得到了许许多多的答案，例如知道了自己对体育的激情，尤其是

245

对篮球的热爱，究竟是从谁那里继承来的。20世纪90年代中后期，我曾为明尼阿波利斯市美国购物中心里的耐克商店设计过陈列。也许是因为那家店开在我的故乡，也许是因为如果你要在世界最大的购物中心里开一家店，最好符合它设定的高标准，总之我对那家店有种特殊的亲切感。近三十年后，我得知我的亲生父亲将那家店视为首选。每当他的家人在商场其他区域购物时，他经常在那家店里逛上几小时（典型的"老爹购物"风格）。他热爱耐克，尤其是乔丹品牌。他看见了他儿子设计的陈列，甚至在那些年里一直试着寻找我（这也是我后来才知道的）。他没能找到我，但看到了我的作品，其实我一直伴他左右。

我的亲生母亲在西北航空当了二十年空姐。在世界各地停留期间，她会逛艺术博物馆打发时间，足迹遍及巴黎、伦敦、罗马等地。她热爱艺术，那是从她的母亲，也就是我的外祖母身上继承来的，我的外祖母喜爱绘画。我跟妹妹（也就是最初联系我的那名女子）在线聊天的时候，她发来了我外祖母的一幅画作，我从中看到了真正的才华，以及我自己艺术激情的来源。至于我妹妹，她是一名平面设计师，就像我从明尼阿波利斯艺术与设计学院毕业后，刚开始职业生涯时做的一样。我们共有的激情象征着我们之间的联系。尽管我们从来没有见过面，但我们血脉相连。

最后，我带上全家人去见了他们根本不知道存在的亲戚。我跟亲生母亲初次拥抱的那一刻简直无法用言语描述，我当即感受到了深深的羁绊。第二天，跟我亲生父亲的家人团聚时，我刚认的姑姑给了我许多纪念品，其中有一张1955年明尼苏达大学毕业照的原件。她指着一大群白人中孤零零的一名黑人学生，说那是我的祖父，他是当年殡葬专业唯一的黑人毕业生。这就是所谓"打破壁垒"。大学毕业后，我的祖父继

第九章 留下遗产，而非回忆

续无视传统，在明尼阿波利斯市的白人区开了一家殡仪馆。他是个从不谨言慎行的男人，无论是在职业上还是在个人生活中。

我们每个人都拥有天赋，只是隐藏在体内。有些天赋会在一生中自然而然显露出来，有些则只会在让它们蓬勃发展的环境中显现。

我的艺术激情始于孩提时代。现在我知道了，那是我与生俱来的东西，是我外祖母传给我亲生母亲的天赋。不过，这并不是故事的全部。或许那些天赋会自己发展成熟，以孩子挥洒激情的方式显现出来，但那不能保证我会坚持下去，或者觉得艺术值得坚持下去。有多少人把儿时的激情留在了儿时，决定把精力花在更"有用"的事情上？故事的另一半是，我的养父母在资源有限的情况下，从小就悉心滋养我对艺术的热情，竭尽所能帮我踏上了艺术之旅。

我女儿艾拉知道她的激情来自何方。她也知道，父母在她整个童年时期都努力培养她的天赋，为她提供所需的工具和支持，将那些激情发展为所谓"有用"的东西。当我们一起去看弗洛伊德的壁画，共同见证真正的艺术激发出令人难以置信的情感时，她在接受教育，我也一样。

我们或许是从祖辈身上继承了天赋，它们也许能助我们踏上通往幸福与成功的道路，但我们永远不能停止培养那些才能与天赋，不能停止改善自己的做事方式，必须坚信还有更多的问题需要回答。人世间充满了悲剧和不公，但也充满了希望；正是希望让我们相信，自己总能变得更好。

灵感

继续创意之旅

正是出于这个原因，我从耐克退休后，成立了现代竞技场（Modern Arena）。这是一家品牌咨询集团，致力于在商业增长与品牌实力的交汇点上打造解决方案，同时对社会施加积极影响。通过现代竞技场，我开始为各类创业者与企业家提供咨询，那些人都希望通过努力让世界变得更美好、更健康。来自新西兰的 AO-Air 是一家旨在重塑传统口罩的初创公司。时至 2020 年，我们已经非常熟悉口罩这种保障安全的必需品。传统口罩的挂耳绳很不舒服，口鼻周围也并不密封。AO-Air 口罩利用微型风扇持续提供清新空气，也消除了限制活动、令人幽闭的密封感。AO-Air 公司成立于疫情之前，它的使命在如今显得更为重要。研究表明，AO-Air 口罩比市场上顶尖的传统口罩效果好五十倍，还拥有与功能匹配的创新外观。

"我们今天该做些什么？"是现代竞技场另一家客户 Shred 的品牌口号。作为一款移动应用程序，Shred 将用户与他们周围的户外探险活动（或是他们要去的地方）联系起来，而且便于用户相互联系，无须大量在线调研就能开展有趣的活动。用户还可以使用 Shred 联系提供户外活动支持的公司，减少网上预订的不便。没有什么比尝试新事物、抛开恐惧、实现飞跃更能让你学会超越自身。当我们跳出舒适区，寻求冒险的时候，会大大增进对自身和外界的了解。

乍看起来，上述两个截然不同的品牌之间似乎没有什么联系。但只要深入挖掘，我们就会看到，事实上两者追求的目标很相似，都是提升人们的福祉。上述两种产品都为人们提供了改善身心健康、建立人际关系的工具，使每个人都有能力提升自己的生活品质。正如 Shred 所说，

第九章 留下遗产，而非回忆

它的移动应用程序"让人们能花更多时间体验生活中最美好的时刻"。

虽然我已离开耐克，但却完全感觉不到。事实上，我离耐克要比你想象的更近。2021年秋天，在担任品牌顾问的同时，我开始在俄勒冈大学伦奎斯特商学院讲授品牌建设。在我一生中经历的众多"圆满"时刻中，我最为感慨的一刻，是在耐克的两位联合创始人曾作为教练和学生运动员待过的机构任教。当然，我到那里任教不是为了革新鞋履行业。每周，我都会在五十名研究生面前侃侃而谈，那些人都梦想成为体育产品行业未来的管理者。通过讲座、讨论和研讨会，我们探讨了品牌的力量，尤其是打造品牌资产的重要性，因为它能让消费者与品牌建立情感联系。你如何确保自己的品牌意愿（你想以什么闻名于世）与消费者的认知相匹配？你的品牌为什么要存在？你能为消费者带来哪些好处？我借助这本书中提到的构想和创意，希望让多元化的年轻学生明白一点："打造强大的品牌识别"与"对世界产生积极影响"并不矛盾。我很高兴告诉各位读者，到目前为止，我的学生们都认可两者的联系，比我在他们这个年纪的时候明智得多。

作为品牌领导者，我们有很多方法利用自己的知识和激情改变世界。激情和兴趣把我带到了众多不同的听众面前，例如顶峰精英会（Summit Series）。它是美国高端企业家互助组织，为各类领导者举办活动，其中包括企业家、学者、作家和艺术家。该组织通过顶峰精英会倡议，利用遍及全球各地的成员对世界产生积极影响，主要关注环境保护、可持续发展、无房族和公民参与。

顶峰精英会的联合创始人杰夫·罗森塔尔（Jeff Rosenthal）是我的朋友。在跟他聊过之后，我加入了峰会影响力董事会，并有幸向董事会成员做了主题报告，谈及了如何通过品牌领导力影响社会文化。

我还为一群出类拔萃的黑人创意者做过演讲，他们是"创意一族俱乐部"（The One Club for Creativity）的成员。那是一家创意领域的免费学校，面向有志于从事广告工作的学生。我们在社会影响力的范畴内，尤其是在种族平等的领域内，探讨了叙事的艺术。对一个严重缺乏多元化的行业来说，他们可以通过发出自己的声音，展示自己的独特视角，提供必要的洞见，讲述真正与众不同的故事。我敦促他们，他们不该仅仅满足商业简报的要求，而要利用简报积极推动世界进步。

在开展上述活动期间，尤其是在俄勒冈大学任教期间，我提炼了从自己整个职业生涯（最初是实习生，接着是设计师，然后是营销人员）中学到的东西。随着我的工作将我带到形形色色的初创企业、企业家、学生和组织面前，我不得不提炼自己的想法，使它们既易于理解又切合当下。随着投入时间做这些工作，我渐渐形成了一个清晰的观点。那就是，品牌通过打造强大的创意文化构建创意优势，那种文化使品牌始终与消费者维持坚固的情感纽带。某些世界上最具代表性的品牌就是这样与消费者建立情感联系的。有人称之为品牌忠诚度，但"忠诚度"并不能说明品牌与消费者的相互联系。我谈的不是品牌忠诚度，而是人与人的联系。通过这种联系，品牌能极大地影响某人的生活，也能促成积极的变革。

为了说明这一点，我想举一个简单的例子。

2021年冬天，我有幸到美国私人风险投资公司安德森·霍洛维茨（Andreessen Horowitz）旗下的"人才与机会基金会"（Talent × Opportunity Fund）做演讲，台下听众是一群有色人种创新者和企业家。那个了不起的组织为他们提供资金、培训和指导，帮助他们围绕自己的创新成果建立持久成功的公司。在讨论过程中，我谈到了塑造"品牌个性"所需的东西，并介绍了如何付诸实践，也就是对本书所提及的创意与教训的提炼。

我说："有一点在现在比以往任何时候都重要，那就是，在这个自动化时代，品牌更需要人性化。"接下来，我探讨了打造品牌个性的重要性，包括如何使其成为世界上独一无二的品牌，以及如何利用触点[1]让消费者将那些特征与品牌联系起来。"我们的工作就是传达品牌不同的调性，"我继续说道，"在不同时刻奏响不同的音符。如果品牌反复说同样的话，人们就会觉得无聊，甚至感到厌烦，最终会左耳进右耳出。"本段第一句话是最重要的，我想把它进一步浓缩成："对品牌来说，重要的是要有人情味。"要有人情味。人类能体验情感，创造艺术，受到激励。人类会承担风险，感同身受，讲述故事，引发运动。人类懂得协作，会创造记忆，还会拉近距离。

你的品牌不仅仅是产品与服务的集合，也不仅仅是使命宣言与算法的集合。你的品牌远远超出营销部门或创新部门涉及的范围。你的品牌有人情味。正是因为有人情味，品牌才能与其他人建立情感联系。正是因为有人情味，你才能留下遗产，而不仅仅是记忆。

回到起点

现在，当全书即将进入尾声时，我要回到本书开始的地方，明尼

1.触点（touch point）：指潜在客户或客户在购买商品之前、购买期间或者购买之后与品牌接触的点。

灵感

阿波利斯艺术与设计学院。如今，作为该校董事会成员和创新委员会主席，我发现自己又站在了一大群人面前。在2020学年的开学典礼上，我（通过网络形式）向全校师生致辞，谈及了本书阐释过的许多主题。例如，共情的力量、好奇心在寻找灵感过程中的作用，以及跳出自身局限，了解他人经历。我谈到了拉近距离，敦促学生们将自己的艺术和设计视为变革的催化剂，意识到艺术家和设计师激发情感的力量。当然，我在三十年前就已经开始关注这些，但对艺术与设计的力量，以及它们触动人心、推动变革的能力，这几十年间我的理解不断加深。我真希望自己读本科时就能听到这场演讲。当时，我刚迈进大学校门，自信满满，雄心勃勃，但对自己即将踏入的领域乃至世界知之甚少。

重点在于，台下的听众不是企业家，也不是创业公司老板，不是营销人员，也不是品牌领导者。他们是学生，也许跟我当年一样充满自信和雄心，也许比我和同学在1988年时（当时我还是大学新生）更容易接受变革的讯息。我向他们传达的讯息，就像我在这里传达的讯息一样，说的是：跟以往任何时候比起来，我们现在都更需要通过文字和图像、电影和建筑、产品和服务，利用讲述故事来打动观众，让他们接受变革。利用他们的创意才能，创作出反映现实的艺术，寻求打造更美好的世界。拓宽他们的视野，超越今天或明天能看到的东西，将目光投向几周、几个月乃至几年后，创造出能够经久不衰的艺术品，因为那将带来变革。创作是为了给自己留下一份有意义的遗产。

本书大部分内容都是在回顾过去，审视至今仍令人铭记的作品，因为它们的卓越不凡能激发我们心中的情感。那些作品——包括影片、图像、建筑、营销战役、产品和重大时刻——之所以能被人铭记，是因为它们在情感层面上引起了我们的共鸣，足以抵御岁月的侵蚀。还有许多

第九章 留下遗产，而非回忆

不那么优秀的作品，则在时光流转中被人遗忘了。它们起初或许带来了影响，引起了欢笑或泪水，但留给人的印象随着时间推移逐渐减弱，直到被一波波后浪拍在了沙滩上。感人至深、震撼人心的力量不容易获得，也不该轻易获得。毕竟，我们普通人可能被肤浅的段子逗乐，但不会反复品味，很快就会大步向前，忘掉那个叙事片段试图传达的讯息。

然而，那些给我们留下深刻印象的东西，总能引起我们的共鸣，因为它们在某个无法忽略、无法遗忘的层面上触动了我们。我们不只是记住它，还将永远感同身受；不只是当作一时娱乐，还用来揭示自己乃至世界的真相。它们会留下自己的印记。本书提到的众多创意就是为了打造那种作品，那种打破我们冷漠假面、占据我们所有感官、促使我们采取行动、惹得我们流下热泪、激励我们做得比以往更好的作品。

品牌领导者必须谨记，我们的工作和我们的目标（除了促进需求和业务增长）是找到与人的情感联系。这需要我们平衡团队中左右脑型人才的数量，强调营销的艺术是品牌与消费者的对话。让我们继续挖掘人类大脑的创造力，促成人与人的互动。让消费者看到你，听到你，感受到你。

在展望未来发展前景时，行业乃至社会取得的进步使我大受鼓舞。我看到了一群朝气蓬勃的学生，他们坐在我和同学们曾经坐过的座位上，他们对世界的关注令我深为折服。我看到了屏幕对面那些企业家和创业者，他们的雄心和使命感让我倍感振奋。我看到了我女儿的眼眸，当她审视自己今后的人生和即将踏入的世界时，她的激情与热爱让我深感骄傲——现在我明白了，她的激情可以上溯好几代人。

要有人情味。通过设计激发情感，留下你的宝贵遗产。

鸣谢

这本书讲的是打造强大的情感纽带。对我来说,没有什么比我和太太柯尔斯滕的情感纽带更重要。感谢太太在整个写作过程中对我的大力支持,帮我将构想化作有意义的实物。在此要特别感谢我的耐克团队成员。多年前,我们一起在迈克·施密特(Mike Schmidt)大楼里工作。我还以为要跟大家一起看成龙的电影,结果到场的只有我和我未来的太太。是你们给我俩设了局!我们看完了那部电影,从那天起就一直形影不离。感谢你们看到了我们的潜力。这就是所谓"团队合作"。

接下来,要感谢我的儿子罗恩和女儿艾拉。你们始终伴我畅想,不断提出以"假如"开头的问题。你们的奇思妙想每天都会带给我莫大的启迪。感谢你们成为我的终极旅伴,感谢你们容忍我对设计生活方式的痴迷,也容忍我不断指出日常生活中美妙(或是不够美妙)的地方。若干年前,在设计我们家的过程中,当时十二岁的罗恩告诉我,著名建筑设计师弗兰克·劳埃德·赖特说过,房子应该建在山里,而不是在山顶上,这样房子和山才能融为一体。谢谢你的这句金玉良言,以及此后的每句金玉良言。艾拉,你选择了艺术与设计的职业道路,我希望你能像我有幸经历的那样,度过充满创意探索、合作与满足的一生。

正如任何创作一样,写书虽然经常被视为孤独之旅,但也需要一个才华横溢的团队。我有幸拥有这样一个团队。当我开始推进这个超出自己专业领域的项目时,团队为我提供了指导。

首先,我要深深地感谢我的写作搭档布莱克·德沃夏克(Blake Dvorak)。你帮助我将经验和逸事塑造成了揭示深刻真相的故事。你从小在伟大篮球运动员、芝加哥公牛队的史蒂夫·科尔(Steve Kerr)家隔壁长大,擅长发掘体育和人生追求中隐含的意义,感谢你教会了我这么做。

灵感

第一次写书需要倾听和学习，还需要教练不断激励，告诉你什么时候需要提高技能。科比·金（Kirby Kim）对我来说不仅仅是文稿代理人，还是写作过程中的终极教练。科比和他的同事威尔·弗朗西斯（Will Francis），以及扬克洛及合伙人（Janklow and Associates）团队，总在推动我不断前进。我给你们发送了一份 PDF 文档，列举了我人生与职业生涯中的大事。你们从中看到了一个值得讲述的故事，并且愿意跟我一起冒这个险。我只希望最终成品能符合你们的标准。

其次，我要感谢我的编辑，十二书局（Twelve Books）的肖恩·德斯蒙德（Sean Desmond）。你从一份粗略提案中看到了本书的潜力。你促使我甩开营销和商业术语，找到自己的声音，创造出了一个振奋人心又脚踏实地的故事。我还要感谢鲍勃·卡斯蒂略（Bob Castillo）、梅根·佩里特-雅各布森（Megan Peritt-Jacobson），以及十二书局的相关团队。在写作过程中，你们的耐心、自律和专业知识对我来说是无价之宝，尤其是在我遇到写作瓶颈的时候。

再次，还要感谢罗恩·博彻斯（Rowan Borchers）和英国企鹅兰登书屋的团队。从写作之初，我就感受到了你们对这本书的热情。

在我工作三十年的会议室、设计室、赛场、体育场、咖啡馆和汽车里，早已播下了撰写本书的种子。感谢所有热爱畅想的人，尤其是我过去的耐克团队成员，感谢你们为这本书慷慨提供的回忆、建议与支持。在此要特别鸣谢罗恩·杜马斯、雷·巴茨、吉诺·菲萨诺蒂、帕姆·麦康奈尔、杰森·科恩、大卫·克里奇、伊安·伦施、希瑟·阿穆尼-戴伊、马克·史密斯、大卫·施里伯、瑞奇·恩格勒伯格、帕梅拉·奈菲尔卡拉、加里·霍顿（Gary Horton）、穆萨·塔里克、亚历克斯·洛佩斯、迈克尔·谢、斯科特·丹顿-卡杜（Scott Denton-Cardew）、瓦莱丽·泰勒-史密斯（Valerie Taylor-Smith）、里奥·桑迪诺-泰勒（Leo Sandino-Taylor）、文斯·林（Vince Ling）和德尼·温特。你们每个人都以自己独特的方式帮我走完了这趟写作之旅。

此外，还要特别感谢韦柯广告公司这个大家庭。我要对卡雷尔·迪克森（Karrelle Dixon）、阿尔贝托·庞特和瑞安·奥罗克致以深深的谢意。你们总

鸣谢

是对我们提出创意挑战，逼我们走出自己的舒适区。除了你们，还有谁会提议开展一场名为"搏上一切"的全球营销战役？我们常常做这种事，而且我从来不后悔。

一次又一次地拿品牌调性冒险，需要以无畏的精神跳出安全区。在这一点上，我要特别感谢耐克前首席营销官大卫·格拉索，以及耐克前品牌传播负责人恩里科·巴莱利。你们在那个多产时刻与我携手合作，始终代表激进创意合作的本质。

我还想感谢鲍勃·格林伯格（Bob Greenberg）和全球数字化产品与营销公司 RGA 的团队，以及阿贾兹·艾哈迈德（Ajaz Ahmed）和数字化设计与传播机构 AKQA 的团队。你们在耐克市场营销的"数字化革命"期间与我们紧密合作。数字化营销在如今已是司空见惯，但引燃这场运动需要一定的远见、创新与合作。

我在职业生涯之初受过许多人的影响，他们间接对本书做出了贡献。例如，扬·扬考特（Jan Jancourt），我在大学里的字体排印学教授，总是向我发起挑战，促使我不断提升设计水平，还教我看到了优秀与卓越的区别。还有劳里·海科克·马凯拉，鼓励年轻时的我突破传统设计框架，进行大胆冒险。

感谢我的父母，加里·霍夫曼（Gary Hoffman）和杰奎·霍夫曼（Jacqui Hoffman）。你们给我童年卧室的白墙装上了木框，为我打造了一面壁画墙，让我用想象力去填满它。你们始终支持我追寻创意，无论我的做法有多么大胆。当然，也感谢你们在 1992 年那个奇妙的夏天把面包车借给我。

最后，要感谢我刚刚找到的亲生父母的家庭。作为被收养的孩子，我一直对自己的特质和激情来自何方充满疑问。虽说我们直到最近才真正走到一起，但亲生父母对我和这本书的贡献始于很久以前。创意及其构建深刻关系、改变世界的力量，是通过先天、后天两方面塑造出来的。愿我们继续通过设计激发情感，构建深刻关系，进而改变世界。